© 2015 ZS Verlag GmbH
Kaiserstraße 14b
D-80801 München

ISBN: 978-3-89883-473-5
2. Auflage 2016

| | |
|---|---|
| Projektleitung | Eva-Maria Hege, Martina Solter |
| Rezepte & Texte | Michi Koch, Martina Solter |
| Redaktionelle Mitarbeit & Lektorat | Katinka Holupirek |
| Grafische Gestaltung | Irene Schulz |
| Fotografie | siehe Bildnachweis (Seite 169) |
| Herstellung | Peter Karg-Cordes |
| Producing | Jan Russok |
| Druck & Bindung | G. Canale & C. |

Die ZS Verlag GmbH ist ein Unternehmen der Edel AG, Hamburg.
www.zsverlag.de | www.facebook.de/zs-verlag

# ECHT
# GRILLEN

Über 100 kreative Rezepte von Michael Koch

# INHALT

# Grillen wie ein Profi

Das Kochen wurde mir gewissermaßen in die Wiege gelegt, denn meine Eltern führten ein Restaurant, in dem ich schon als Schüler begeistert mithalf. Die Ausbildung zum Koch lag auf der Hand, und anschließend konnte ich in einigen erstklassigen Häusern – unter anderem dem Mandarin Oriental in München – Berufserfahrung sammeln. Zum Foodstyling kam ich rein zufällig und entdeckte dabei, dass die ehrliche optische Präsentation von Rezepten und Menüs mit dem richtigen Styling und Ambiente genau meine Welt ist. Bei meiner Arbeit als Foodstylist im innovativsten deutschen Food-Fotostudio bin ich am Puls der Zeit und kann so alle Trends im Koch- und Ernährungssektor hautnah miterleben.

Zum Grillen kam ich ebenfalls schon als Kind: beim selbst gemachten Lagerfeuer mit Würstchen am Spieß und anschließendem Garen von Kartoffeln in der Glut. Später, im Erwachsenenalter, hieß es dann: „Michi an den Grill!" und an jedem schönen Sommerwochenende experimentieren, ausprobieren, rezeptieren ... Und irgendwann hatte ich den Dreh so richtig raus, und meine Liebe zum Grillen, die ich inzwischen nicht nur im Sommer, sondern auch im Winter auslebe, war entfacht.

In diesem Buch finden Sie neben umfassenden Infos rund ums Grillen Step-by-Step-Basisrezepte und natürlich eine reiche Auswahl an unterschiedlichsten Gerichten für jeden Anlass. Von saftigen Steaks, im Ganzen gegrillten Fischen und Meeresfrüchten, Gemüse in Hülle und Fülle bis hin zu den Klassikern, die einen Grillabend erst zu einem richtigen Event werden lassen: Salate satt, knuspriges Brot, Saucen, Dips und kleine Partyhäppchen. Meine Rezepte sind für Einsteiger wie Profis gleichermaßen geeignet, und so werden Sie Schritt für Schritt in die „Geheimnisse" des Grillens eingeweiht.

Liebe Leserinnen und Leser, ich wünsche Ihnen beim Nachgrillen, Experimentieren, Feiern und Genießen in geselliger Runde viel Spaß und Erfolg!

*Michael Koch*

# DAS WICHTIGSTE VORAB

## 1 Wann ist der Grill heiß genug?

*Beim Gasgrill genügt dabei ein Knopfdruck und es kann losgehen. Beim Holzkohlegrill muss man jedoch ein wenig mehr Zeit einplanen. Je nachdem ob man Holzkohle oder Grillbriketts verwendet, kann das bis zu einer halben Stunde dauern.*
> siehe dazu Seite 12

## 2 Sind Aluschalen Pflicht?

*Nein. Und wenn Sie welche benutzen, dann sollten Sie darin nach Möglichkeit nur kaum gesalzene und nicht gesäuerte Lebensmittel garen. Zum Warmhalten sind sie jedoch eine echte Hilfe.*

## 3 Wann ist das Fleisch durch?

*Tja, das ist so eine Sache … Die einen vertrauen auf ihre Erfahrung, andere prüfen das Fleisch mit Fingerdruck, und bei ganz edlen Stücken lohnt immer ein Bratthermometer, damit man keine blutigen oder trockenen Überraschungen erlebt!*

## 4 Was sollte man besser nicht grillen?

*Geräuchertes und Gepökeltes wie Wiener Würstchen, Kasseler und Schinken. Denn durch die hohen Temperaturen können sich aus den Nitritpökelsalzen in den Fleischwaren krebserregende Nitrosamine bilden.*

## 5 Kann man auch im Winter grillen?

Klar. Warum denn ein halbes Jahr auf Gebrutzeltes verzichten. Stattdessen lieber Glühwein kochen, sich warm einpacken und mit Freunden um den wärmenden Grill stehen …

## 6 Veganer beglücken?

Nichts einfacher als das: Reichen Sie mariniertes Grillgemüse, Tofuspieße, Bohnen-Kräuter-Burger (siehe S. 100 ff), Salate und Süßes vom Grill. Dazu rein pflanzliche Dips, z.B. auf Gemüse-basis, Brot und eventuell Sojawürstchen & Co.

## 7 Die besten Tipps für eine Grillparty?

Spontan zu grillen macht in jedem Fall Spaß, eine größere Grillparty hingegen, bedarf jedoch einer gewissen Planung. Am besten delegieren Sie Salate & Desserts an Ihre Gäste und überraschen diese im Gegenzug mit ein paar Besonderheiten. > siehe dazu Seite 25–26

## 8 Und wenn's regnet?

Dann hilft im schlimmsten Fall nur eines: Alles, was auf dem Grillrost hätte landen sollen, im Backofen oder in der (Grill-)Pfanne zubereiten. Und sich unter keinen Umständen die Laune verderben lassen …

# RAN AN DEN GRILL

*Grillen – das ist für viele mittlerweile nicht nur die schönste Nebenbeschäftigung im Sommer, sondern zur echten Lebenseinstellung geworden.*

## 1. AM ANFANG WAR DAS FEUER

Das Garen von Lebensmitteln über dem offenen Feuer, das in anderen Ländern als BBQ oder Asado zelebriert wird, ist so beliebt, weil es einen Hauch Ursprünglichkeit hat, eine gewisse Lagerfeuerromantik und weil die dabei entstehenden Röstaromen einfach unverwechselbar gut schmecken.

Mit Holzkohle zu grillen ist nach dem direkten Garen über offenem Holzfeuer die ursprünglichste Form der Lebensmittelzubereitung. Jedoch dauert es relativ lange, bis eine ausreichend heiße Glut entstanden ist. Grillbriketts bestehen aus gepresster Holzkohle und sind somit gleichförmig und ideal dazu geeignet, wenn man ein glattes Glutbett herstellen möchte. Mit dem Anzündkamin (s. Foto S. 13) lässt sich das Anzünden von Holzkohle als auch von Grillbriketts ganz einfach erheblich beschleunigen.

Und so klappt's: Den Anzündkamin mit Holzkohle oder Briketts füllen. Zwei bis drei Anzündwürfel auf den Kohlerost oder den Boden des Grills legen, anzünden und dann den Anzündkamin daraufstellen. Der Kamin saugt die heiße Luft von unten an und schleust sie durch die Kohle. So brennen Kohle und Briketts viel schneller, als wenn man sie lose in den Grill schüttet und nach dem Anzünden z.B. durch Wedeln für Sauerstoffzufuhr sorgt. Holzkohle ist nach etwa 15 Minuten heiß genug, Briketts nach 20 bis 30 Minuten. Anschließend werden die glühenden Kohlen (bzw. die Glut) vorsichtig so verteilt, dass idealerweise auch Zonen ohne Glut entstehen. Diese Bereiche dienen zum indirekten Grillen und zum warm halten bereits fertig gegrillter Speisen.

> *Grillkohle lässt sich schnell zum Glühen bringen.*

> *Grillbriketts liefern eine länger anhaltende Glut.*

## 2. GAS- ODER HOLZKOHLEGRILL?

Egal, ob Sie klassisch über Holzkohle grillen oder schnell und einfach auf Knopfdruck den Gasgrill starten – ein guter Grill muss länger als eine Saison halten. Dementsprechend sollten Sie beim Kauf auf Funktionalität und Qualität achten. Robust sollte er sein (vor allem wenn er den ganzen Sommer im Freien verbringen soll), gut verarbeitet und ohne scharfe Ecken und Kanten. Je nachdem, in welchen Größenordnungen Sie grillen, wählen Sie die zur Verfügung stehende Grillfläche ausreichend groß. Nicht weniger wichtig ist, dass der Grill nach dem Vergnügen auch einfach zu reinigen ist.

Eine große Grillfläche mit Deckel, reichlich Ablagefläche und Stauraum: Für viele ist der Gasgrill (links) das Nonplusultra: Man kann sofort loslegen und muss keine Asche entsorgen. Wer aber lieber nach wie vor ganz klassisch und über Holzkohlefeuer grillen möchte, ist mit einem Kugelgrill (rechts) mit Deckel am besten bedient.

## 3. DIREKT UND INDIREKT GRILLEN

Bei direkter Hitze befindet sich das Lebensmittel direkt über den glühenden Kohlen. Diese Grillart eignet sich am besten für kleine, zarte Stücke, die schnell gar sind, wie z.B. Steaks, Hamburger, Hähnchenbrust, Fischfilet, Meeresfrüchte und Gemüsestücke. Die Oberfläche des Grillguts wird dabei scharf angebraten und es entwickeln sich Röststoffe und Aromen – und während sich außen eine Kruste bildet, gart das Grillgut innen durch.

Im Gegensatz dazu steht das indirekte Grillen. Diese Methode eignet sich in erster Linie für große und weniger zarte Fleischstücke, wie ganze Braten, Rippchen, ganzes Geflügel und dickere Fleischstücke mit Knochen. Dabei wird das Grillgut zunächst direkt über den glühenden Kohlen angebraten, um anschließend über einem Bereich ohne Glut in Ruhe fertig zu garen. So gart das Lebensmittel innen gut durch und bleibt saftig, ohne außen zu verbrennen.

# Zubehör

Damit das Grillen zur wahren Freude wird, benötigt man das ein oder andere Handwerkszeug, das einem neben der Anschaffung eines passenden Grills vieles erleichtert. Eine bunte Auswahl an Helfern sehen Sie hier.

1_GRILLBESTECK bestehend aus Zange, Wender und Gabel, damit Sie alles im Griff haben und mühelos auflegen und wenden können.

2_PINSEL aus Metall mit Borsten aus Silikon bringen die Marinade zielsicher an Ort und Stelle, sind hitzebeständig und spülmaschinentauglich.

3_ALUSCHALEN können gelocht oder geschlossen sein. Sie dienen zum Grillen empfindlicher Lebensmittel und zum Warmhalten.

4_FLEISCHTHERMOMETER eignen sich um die Kerntemperatur dickerer Fleischstücke exakt zu bestimmen, damit Ihr Steak auch ganz genau den richtigen Gargrad hat.

5_BURGERPRESSE: Sie macht aus gewürztem Hackfleisch Burger wie sie sein sollen: schön rund und gleichmäßig dick.

6_GRILLSPIESSE aus Metall werden wiederverwendet und sind umweltfreundlich.

7_GRILLANZÜNDER gibt es in unterschiedlichsten Ausführungen: z.B. Paraffinwürfel und Holzwollewickel-Anzünder, die die Glut schnell entfachen.

8_FISCHGRILLZANGE(N) geben dem Fisch auf dem Rost Halt und erleichtern das Wenden um ein Wesentliches.

# Ein Stück Fleisch, bitte!

*Wer die Wahl hat, hat die Qual … Mager, durchwachsen oder samt Knochen gegrillt – auf den Rost darf, was gefällt und jedem Einzelnen ganz besonders schmeckt.*

## STEAK, SCHNITZEL UND KOTELETT

**Steaks** sollen saftig sein, deshalb darf das Fleisch ruhig ein wenig durchwachsen sein. Das Grillen über starker Hitze bringt neben Farbe auch Aroma, allerdings verlieren dabei die besten Fleischstücke Flüssigkeit, nämlich Fleischsaft und Fett. Bevor das Fleisch also austrocknet lieber etwa zu früh als zu spät vom Grill nehmen!

**Schnitzel,** egal ob vom Schwein, von der Pute oder vom Kalb sind sehr mager. Wenn sie sehr dünn geschnitten oder geklopft sind, lassen sich aus ihnen leckere Röllchen zaubern. Oder man fädelt das in Längsstreifen geschnittene Fleisch auf Spieße und grillt es dann.

**Koteletts,** hier im Bild ein Lammkotelett, also Fleisch am Knochen, haben einen großen Vorteil: Der Knochen verhindert das Austrocknen des Fleisches beim Grillen und bringt auch noch während des Zubereitung Geschmack. Kleine Koteletts serviert man im Ganzen, sehr große, z.B. Rinderkoteletts aus der Hochrippe, kann man nach dem Grillen und einer kurzen Ruhepause vom Knochen lösen und das Fleisch in Scheiben geschnitten servieren.

## BRUST, KEULE ODER FLÜGEL?

**Hähnchenbrust** ist quasi fettfrei und muss durchgegart werden. Damit das Fleisch nicht austrocknet, schafft eine schützende Hülle aus Schinken oder Speck Abhilfe.

**Hähnchenkeulen** werden mit Knochen zubereitet, deshalb benötigen sie auch etwas mehr Zeit als die Brust. Für ein Mehr an Ge-schmack kann man die Haut einschneiden, damit die Würzung ans Fleisch gelangt.

**Hähnchenflügel** sind nicht allzu flei-schig und oft verbrennen die Flügelspitzen. Da hilft nur: Die Flügelspitzen vorher ab-trennen bzw. die Hähnchenflügel bei mäßiger Hitze entsprechend lange grillen.

## UND DAZU: *Buttermischungen und Grillsaucen*

**Buttermischungen** gibt es in allen möglichen Farben und Geschmacksrichtungen. Rot wird die Butter mit To-matenmark und italienischen Kräutern, orange mit gegar-ten und fein pürierten Möhren, die man dann etwas orien-talisch mit Koriander und Kreuzkümmel würzt. Fein: ein Duo aus fein gehacktem Rosmarin und abgeriebener Bio-Orangenschale.

**Marinaden und Grillsaucen** sorgen für das gewisse Quäntchen Pep, das man Fleisch, Fisch oder Gemüse bereits vor dem Grillen angedeihen lässt oder die man anschließend dazu serviert. Da Marinaden auf Öl-Basis bestehen, muss man das darin eingelegte Grillgut vor der Zubereitung gut abtropfen lassen, da sich sonst das heruntertropfende Öl entzündet.

# Oder lieber Fisch & Co?

Holen Sie sich die wahren Delikatessen auf den Rost und damit einen Hauch Urlaubsfeeling. Fisch ist gesund und tut gut. Man kann ihn direkt auf dem Rost, in einem speziellen Grillgitter oder in Alufolie gewickelt zubereiten.

1_DORADEN sind schön weißfleischig und werden in der Regel im Ganzen gegrillt als sogenannte Portionsfische aufgetischt.

2_FORELLE ist ein Klassiker, der auch als „Steckerlfisch" seine Anhänger hat.

3_LACHSFILET (mit und ohne Haut) bekommt auf der Holzplanke gegrillt (siehe S. 78–79) seinen großen Auftritt. Koteletts haben den Vorteil, dass sie durch die enthaltene Mittelgräte und die Haut relativ „stabil" sind.

4_THUNFISCHSTEAK und -filet kann man – insofern ganz frisch – auch wunderbar rosa gegrillt verspeisen.

5_RIESENGARNELEN und andere Krustentiere grillt man am besten in der Schale, damit das magere Fleisch nicht austrocknet.

6_SARDINEN haben ein würziges und fettreiches Fleisch und sind deshalb ideale Grillfische mit kurzer Zubereitungszeit.

7_KALMARE machen auf dem Grill eine super Figur und lassen sich vielfältig füllen.

# Gemüse, Pilze und Käse

*Runden das Angebot ab und machen nicht nur Vegetarier rundum glücklich. Am besten das Gemüse schon vorab grillen und lecker eingelegte Antipasti draus machen!*

## AUBERGINEN GROSS IN FORM

1 Im Ganzen gegrillte Auberginen (sie dürfen dabei auch richtig dunkel werden!), halbiert man am besten längs und schabt das Fruchtfleisch mit einem Löffel heraus. Mit fein geschnittenen Zwiebeln und mit Zitronensaft, Olivenöl, Salz und Pfeffer gewürzt, wird daraus ein köstlicher Salat, der zugleich eine typische Vorspeise bzw. ein Brotaufstrich ist.

2 Alternativ die geputzen und gewaschenen Auberginen quer oder längs in Scheiben schneiden und anschließend salzen und Wasser ziehen lassen.

3 Die Auberginenscheiben vor dem Grillen mit Küchenpapier trocken tupfen. Die Scheiben beidseitig grillen und mit einer Mischung aus Zitronensaft, Olivenöl, Salz und Pfeffer marinieren. So lassen sie sich z.B. mit Zaziki als Vorspeise servieren.

4 Für eine optisch und geschmacklich aufregende Vorspeise in Längsscheiben geschnittene Auberginenscheiben wie oben beschrieben vorbereiten, auf beiden Seiten grillen und abkühlen lassen. Anschließend schnittfesten Ziegen- oder Schafskäse in längliche Stücke schneiden und in die Auberginenschieben wickeln. Die Rollen nach Belieben mit Schnittlauchhalmen festbinden und mit Acteo balsamico und Olivenöl beträufelt zum Aperitif servieren.

## PILZHÜTE FÜLLEN UND GRILLEN

1 Zum Füllen eignen sich besonders die extra-großen Champignons, auch Portobellos, genannt. Die Pilze trocken abreiben, z.B. mit einem Pilzbürstchen oder einem Pinsel, dann die Stiele abschneiden.

2 Mit einer Mischung aus Schafskäse, Kräutern, Zitronenschale, Knoblauch und Semmelbröseln füllen und anschließend grillen.

3 Oder mit Ricotta, Parmesan und Kräutern füllen und auf Gemüse servieren (siehe S. 108).

## KÄSE ZUM GRILLEN

**Feta** würde auf dem Grill zerlaufen, deshalb am besten mit frischen Kräutern, in Scheiben geschnittenem Knoblauch und z.B. Chili-schoten in Alufolie geben und zu akkuraten Päckchen falten. Wer mag, kombiniert zusätzlich mit Zucchini- oder Tomatenscheiben oder Oliven. Etwas Pfeffer frisch darüber-mahlen und fertig! Auf Salz kann man getrost verzichten, denn der in Lake eingelegte Schafskäse ist in der Regel salzig genug.

**Halloumi** ist ein sogenannter Fillatakäse und wird aus einer Mischung aus Kuh-, Ziegen- und Schafsmilch hergestellt. Er kommt ursprünglich aus Zypern und hat eine säuerlich-salzige Note. Er schmilzt selbst bei hohen Temperaturen nicht, deshalb kann man ihn einfach in (nicht zu dünne) Scheiben geschnitten direkt auf dem Rost grillen. Sehr zu empfehlen: Halloumi, unter den bei der Herstellung gehackte Minze gemischt wird.

**Parmesan** und andere Hartkäse wie Pecorino oder der spanische Manchego finden in der Regel nur in geriebenem Zustand Anwendung auf dem Grill, z.B. in fein-würzigen Füllungen für Auberginen, Paprikaschoten, Pilze und Zucchini.

# Alles homemade

*Wer heutzutage seine Gäste beeindrucken will, der mariniert sein Fleisch mit einer selbst gemachten Gewürzmischung und serviert Ketchup und Naan aus Eigenproduktion.*

## GEWÜRZKETCHUP SELBST GEMACHT

1 Eine Zwiebel und 1 Knoblauchzehe schälen und in feine Würfel schneiden. In einem heißen Topf in 1 EL Öl glasig dünsten. 3 EL Zucker darüberstreuen und unter Rühren leicht karamellisieren lassen. 2 EL Tomatenmark unterrühren und kurz mitrösten.

2 800 g stückige Tomaten (aus der Dose), je 1 fein gewürfelte rote Paprikaschote und Möhre, sowie 100 g fein gewürfelten Staudensellerie dazugeben und 200 ml Gemüsebrühe angießen. 2 Lorbeerblätter, 1 TL Paprikapulver (edelsüß), 1 Msp. Cayennepfeffer und je ½ TL getrockneten Oregano und Thymian hinzufügen und alles 45 Minuten sämig köcheln lassen.

3 Die Lorbeerblätter entfernen und das Ketchup in einen hohen Rührbecher füllen. Mit dem Stabmixer fein pürieren, dabei 2 bis 3 EL Apfelessig einfließen lassen. Mit Salz würzig abschmecken.

**Tipp:** Mit Hickory-Rauchsalz bekommt das Ketchup einen super Kick und etwas Soja- oder chinesische Pflaumensauce macht es etwas brauner. In eine Flasche oder ein Weckglas gefüllt und im Kühlschrank aufbewahrt, hält sich das Ketchup gut 2 Wochen.

## INDISCHES FLADENBROT (NAAN)

1 500 g Mehl, 1 TL Backpulver, ½ TL Zucker, 4 g Trocken-
hefe und 150 ml warme Milch verrühren. Mit 150 g Joghurt, 1 Ei, und 2 EL Öl verkneten. 1 TL Salz unterkneten
und den Teig 1 Stunde zugedeckt an einem warmen Ort
gehen lassen.

2 Den Teig in etwa 8 Stücke portionieren und diese auf der
bemehlten Arbeitsfläche zu runden Fladen ausrollen.
Nochmals 15 Minuten gehen lassen.

3 Die Fladen mit etwas Mehl bestäuben und auf beiden Seiten insgesamt 5 bis 6 Minuten grillen. Am besten lauwarm
servieren.

*»Schmeckt nur gegrillt
so richtig authentisch*

## TEXAS-GRILL-RUB

1 Für diese leicht scharfe Grillwürzmischung in einer Pfanne
ohne Fett 2 EL schwarze Pfefferkörner und je 1 EL ganzen
Kümmel, Koriander- und Senfkörner bei mittlerer Hitze
2 bis 3 Minuten rösten, bis die Gewürze duften. Beiseitestellen und abkühlen lassen.

2 Anschließend die Gewürze im Mörser zerstoßen, dabei je
1 EL Räucherpaprika-, Knoblauch-, Zwiebelpulver, getrockneten Oregano, 5 EL Meersalz und je 2 EL Chilipul-
ver und Zucker untermischen. Die Würzmischung am besten in einem Schraubglas dunkel aufbewahren.

# It's partytime

*Ein Grillfest ist schnell geplant, die Gäste eingeladen. Hier ein paar Anregungen für raffinierte Vorspeisen, Beilagen und Getränke. Und dann heißt es ausgelassen feiern und genießen …*

## BROT MIR LAGERFEUER-FEELING

**1** Für Stockbrot mit Kräutern ½ Würfel Hefe (21 g) in 300 ml lauwarmem Wasser auflösen. 600 g Mehl in einer Schüssel mit 1 TL Salz mischen und in die Mitte eine Mulde drücken. Das Hefewasser, 4 EL Olivenöl und 2 EL gehackten Rosmarin hinzufügen und alles mit den Knethaken des Handrührgeräts zu einem glatten Teig verarbeiten und zugedeckt an einem warmen Ort etwa 1 Stunde gehen lassen. Anschließend den Teig auf der bemehlten Arbeitsfläche von Hand kräftig durchkneten und in 6 bis 8 gleich große Portionen teilen.

**2** Die Teigportionen auf der bemehlten Arbeitsfläche zu etwa 35 cm langen Strängen formen und diese weitere 15 Minuten gehen lassen.

**3** Die Enden der Teigstränge auf saubere Stöcke (oder die Spitze mit Alufolie umwickeln) spießen und spiralförmig um die Stöcke wickeln und die Enden festdrücken.

**4** Das Kräuter-Stockbrot auf dem heißen Grill unter Wenden 10 bis 15 Minuten backen. Alternativ über offenes Feuer halten und dabei drehen.

»Wetten, dass sich nicht nur Kinder darum reißen, die Stockbrote überm Feuer zu rösten?

## RAFFINIERTES ZUM AUFTAKT

1 Für Datteln im Speckmantel frische Datteln längs einschneiden und entkernen. Die Einschnitte mit Walnusshälften und einigen Chiliflocken füllen. Dann jede Dattel mit 1 Speckscheibe umwickeln und auf dem heißen Grill rundum 5 Minuten grillen. Mit Pfeffer bestreut servieren und kleine Holzspießchen dazu reichen.

2 Aus großen Sandwichscheiben Kreise (4–5 cm Durchmesser) ausstechen, gewaschene Tomaten und Mozzarella in gut ½ cm dicke Scheiben schneiden. Die Toastkreise auf dem geölten Grill kurz auf beiden Seiten rösten. Die Toastkreise mit Tomaten, Mozzarella und Basilikumblättern zu Mini-Sandwiches zusammensetzen und mit Holzspießchen fixieren. Nach Belieben mit grob gemahlenem Pfeffer bestreut servieren.

3 Geschälte Mini-Bananen mit Ahornsirup beträufeln und mit gehacktem Rosmarin bestreuen. In Speckscheiben wickeln, mit Salz und Pfeffer würzen und rundum 4 bis 6 Minuten grillen, bis der Speck schön kross ist.

## GETRÄNKE FÜR KLEIN & GROSS

1 Frisch gepressten Zitronen- oder Limettensaft mit Zuckersirup mischen und mit Leitungswasser oder Mineralwasser auffüllen. Eiswürfel und Zitronenschnitze dazu – fertig ist die selbst gemachte Limo, die um Längen besser schmeckt als gekaufte!

2 Kalten Schwarztee, Weißwein, etwas Orangen- und Zitronensaft und Honig mit Orangen-, Zitronen- und Gurkenscheiben und reichlich Eiswürfeln in ein Bowlegefäß oder eine hübsche Karaffe füllen – fertig ist ein echter Hingucker!

FLEISCH

# Filetspieße vom Schwein
## mit Paprika und Ananas

**ZUTATEN FÜR 4 PERSONEN**

8 dicke Holzspieße
1 Schweinefilet (ca. 350 g)
½ rote Paprikaschote
4 Frühlingszwiebeln
2 Scheiben frische Ananas
(à ca. 1 cm dick; ersatzweise
Apfel- oder Birnenspalten)
1 TL Öl
Grillgewürz (Fertigprodukt oder
selbst gemacht, siehe Tipp)
mildes Chilisalz

**ZUBEREITUNG** // 🕐 25 Min // 💧 30 min

1 Die Holzspieße etwa 30 Minuten in Wasser einlegen. Den Grill anheizen.

2 Das Schweinefilet von Häuten und Sehnen befreien und in 12 gleich große Scheiben schneiden. Die Paprikaschote entkernen, waschen und in etwa 2 cm große Stücke schneiden. Die Frühlingszwiebeln putzen und waschen, die hohlen Teile entfernen (anderweitig verwenden). Die festen Teile in etwa 3 cm lange Stücke schneiden. Die Ananasscheiben vierteln, schälen und den harten Strunk entfernen.

3 Die Filetscheiben abwechselnd mit Paprika, Frühlingszwiebeln und Ananasstücken auf Spieße stecken. Die Filetscheiben dabei flach bzw. liegend aufstecken.

4 Die Filetspieße auf dem heißen Grill rundum etwa 8 Minuten braten. Gegen Ende mit dem Grillgewürz bestreuen und zum Servieren mit Chilisalz würzen. Nach Belieben mit etwas Olivenöl beträufeln.

**TIPP** *Selbst gemachtes Grillgewürz ist einzigartig im Geschmack! Probieren Sie doch einmal folgende Mischung: Je 1 TL grob gemahlenen schwarzen Pfeffer, gemahlene Kurkuma, gemahlenen Ingwer, Knoblauchpulver, getrockneten Oregano und geräuchertes Paprikapulver mit je ½ TL gemahlenem Koriander, gemahlenem Kreuzkümmel, Zimtpulver und fein gemahlenen Kaffeebohnen mischen.*

# Schweinemedaillons
## mit Tomaten-Papaya-Gemüse

### ZUTATEN FÜR 2 PERSONEN

4 Tiefkühl-Strudelteigblätter
½ kleine reife Papaya
2 Tomaten · Salz
½ TL geriebener Ingwer
½ gehackte rote Chilischote
Pfeffer aus der Mühle
2 EL zerlassene Butter
1 Eigelb
1 Schuss Reisessig
1 EL flüssiger Honig
1 TL getr. Thymian
1 TL Sesamsamen
4 Schweinemedaillons
(à 70 g)
4 Zimtstangen
1 EL Öl
1 EL Butter

### ZUBEREITUNG // 🕐 40 min

1 Die Strudelteigblätter auftauen lassen. Die Papaya halbieren, entkernen, schälen und das Fruchtfleisch grob raspeln. Die Tomaten waschen, vierteln und entkernen, dabei die Stielansätze entfernen. Das Fruchtfleisch in kleine Würfel schneiden. Die Tomaten leicht mit Salz würzen, mit den Papayaraspeln, Ingwer und Chili mischen und kräftig mit Pfeffer würzen. Zwei kleine ofenfeste Schälchen zu zwei Dritteln mit der Tomaten-Papaya-Masse füllen. Den Backofen auf 170 °C vorheizen.

2 Zwei Teigblätter mit etwas Butter bestreichen und die beiden anderen Blätter darauflegen. Aus den Teigblättern runde Deckel für die Schälchen schneiden, sie sollten etwa 1 cm über den Rand stehen. Die Deckelränder mit verquirltem Eigelb bestreichen. Die Teigdeckel mit der bestrichenen Seite nach unten auf die Schälchen legen, die Ränder nach unten klappen und andrücken. Die Teigoberseite mit der restlichen Butter bestreichen. Im Ofen etwa 12 Minuten goldbraun backen.

3 Den Essig mit Honig, Thymian und Sesamsamen einmal aufkochen und sämig einkochen lassen.

4 Den Grill anheizen. Die Schweinemedaillons mit Salz und Pfeffer würzen und durch jedes Medaillon in der Mitte 1 Zimtstange stecken. Die Spieße mit Öl bestreichen und in einer Alu-Grillschale auf dem heißen Grill rundum grillen. Die Butter in Flöckchen auf die Medaillons verteilen und das Fleisch etwa 3 Minuten weitergrillen. Dabei immer wieder die Butter über das Fleisch träufeln und darauf achten, dass die Butter nicht verbrennt. Medaillons auf Küchenpapier abtropfen lassen.

5 Die Medaillons mit dem Sesamhonig beträufeln, das Tomaten-Papaya-Gemüse im Glas dazu servieren, nach Belieben geröstete Baguettescheiben dazu reichen.

# Schweinefilet
## mit Chili und Ingwer

### ZUTATEN FÜR 4 PERSONEN

600 g Schweinefilet
2 rote Chilischoten
1 walnussgroßes Stück Ingwer
150 ml Kokosmilch
3 EL Fischsauce
2 EL Öl
1 EL Tom-Ka-Paste (Zitronen-
graspaste; aus dem Asialaden)
ca. 25 Kaffir-Limettenblätter
Salz

### ZUBEREITUNG // 🕐 20 min // 💧 40 min

1 Das Schweinefilet in etwa 2 cm dicke Scheiben schneiden. Die Chilischoten längs halbieren, entkernen, waschen und, bis auf ½ Schote, fein hacken. Die restliche Schotenhälfte in feine Streifen schneiden und beiseitelegen. Den Ingwer schälen und ebenfalls fein hacken.

2 Für die Marinade die Kokosmilch mit der Fischsauce und dem Öl in einer Schüssel verrühren. Die gehackten Chilischoten, den Ingwer und die Tom-Ka-Paste unterrühren. Die Limettenblätter waschen und trocken tupfen, 2 Blätter in feine Streifen schneiden und untermischen. Das Fleisch mit der Marinade mischen und zugedeckt etwa 40 Minuten marinieren.

3 Den Grill anheizen. Das Fleisch aus der Marinade nehmen, abtropfen lassen und auf dem Grill auf jeder Seite anbraten.

4 Die Fleischscheiben mit etwas Salz würzen und über indirekter Hitze 5 bis 6 Minuten fertig grillen. Die Medaillons auf den restlichen Limettenblättern arichten und mit Chili- und Limettenblätterstreifen aus der Marinade garniert servieren.

# Schweinenackensteaks
## mit Kräuterbutter

### ZUTATEN FÜR 4 PERSONEN

2 Schalotten

4 Knoblauchzehen

1 Bio-Zitrone

125 ml helles Bier

1 EL scharfer Senf

einige Spritzer Tabasco

2 TL getrockneter Thymian

Salz · Pfeffer aus der Mühle

4 Schweinenackensteaks
(à ca. 180 g)

125 g weiche Butter

2 EL gemischte gehackte Kräuter
(z. B. Schnittlauch, Bärlauch,
Petersilie, Basilikum)

4 Scheiben Weißbrot

### ZUBEREITUNG // ⏱ 25 min // 💧 4 h

1 Für die Steaks die Schalotten und 1 Knoblauchzehe schälen und fein hacken. Die Zitrone heiß waschen, trocken reiben, die Schale fein abreiben und den Saft auspressen.

2 Schalotten und Knoblauch mit 2 TL Zitronenschale, 1 EL Zitronensaft, Bier, Senf, Tabasco und 1 TL Thymian verrühren. Mit Salz und Pfeffer würzen. Die Steaks in der Marinade zugedeckt mindestens 4 Stunden, am besten über Nacht, im Kühlschrank marinieren.

3 Für die Kräuterbutter 2 Knoblauchzehen schälen und fein hacken. Die Butter in einer Schüssel schaumig rühren. Knoblauch, restlichen Thymian, Kräuter, 1 EL Zitronensaft und übrige Zitronenschale unterrühren, mit Salz würzen. Die Butter in Backpapier zu einer Rolle formen und kühl stellen. Den Grill anheizen.

4 Die Steaks abtropfen lassen und auf jeder Seite 3 bis 4 Minuten grillen. Den restlichen Knoblauch schälen, halbieren und die gerösteten Brotscheiben damit einreiben. Die Steaks darauf verteilen und mit je 1 Stück Kräuterbutter servieren.

# Gefüllter Schweinerücken
## mit Rucola-Zwiebel-Salat

### ZUTATEN FÜR 6–8 PERSONEN

2 Schweinerücken (à 500 g;
küchenfertig)
Salz
je 1 TL Senfkörner und
Kreuzkümmelsamen
2 TL schwarze Pfefferkörner
300 g Blattspinat
Pfeffer aus der Mühle
4 Zwiebeln
50 ml Balsamico bianco
100 ml Öl
1–2 TL Ahornsirup
1–2 Bund Rucola

### ZUBEREITUNG // ● 35 min // ▦ 1 h 15 min

1 Den Grill anheizen. Die Schweinerücken mit einem langen Messer so schneiden, dass ein großes flaches Stück entsteht (am besten vom Metzger schneiden lassen). Falls nötig, etwas flach klopfen. Die Schweinerücken mit Salz würzen.

2 Senfkörner, Kreuzkümmel und Pfeffer in einer beschichteten Pfanne ohne Fett anrösten. Die ganzen Gewürze in einen Mörser geben, fein zerreiben und die Gewürzmischung gleichmäßig auf den beiden Schweinerücken verteilen.

3 Den Spinat verlesen, putzen und waschen, grobe Stiele entfernen. In kochendem Salzwasser kurz blanchieren. Den Spinat abgießen, kalt abschrecken und die Blätter gut ausdrücken. Mit Salz und Pfeffer würzen. Den Spinat auf dem Fleisch verteilen, den Schweinerücken aufrollen und mit Küchengarn festbinden. Auf dem heißen Grill bei indirekter Hitze 1 bis 1¼ Std. garen, bis das Fleisch eine Kerntemperatur von 65 °C hat.

4 Die Zwiebeln schälen und in dünne Streifen schneiden. In einer Alu-Grillschale auf dem Grill goldbraun braten. Den Balsamico, das Öl und den Ahornsirup verrühren, mit Salz und Pfeffer würzen und die noch lauwarmen Zwiebelstreifen darin marinieren. Den Rucola verlesen, waschen und trocken schütteln, grobe Stiele entfernen.

5 Kurz vor dem Servieren den Rucola mit den Zwiebeln mischen. Die Schweinerücken in Scheiben schneiden und mit dem Rucola-Zwiebel-Salat anrichten. Nach Belieben gegrillte Cocktailtomaten mit Rosmarin dazu servieren.

# Bayerischer Wurstspieß
## mit süßem Senf

**ZUBEREITUNG** // ⏱ 25 min // 💧 30 min

1  Die Holzspieße in kaltem Wasser 30 Minuten einweichen, damit sie auf dem Grill nicht verbrennen. Die Laugenbrezen-Teiglinge auf einen Teller legen und auftauen lassen, bis der Teig ganz weich ist.

2  Die Weißwürste pellen und quer halbieren. Den Grill anheizen.

3  Den Brezenteig so auseinanderdrehen, dass lange Teigstränge entstehen. Ein Stück Weißwurst auf jeweils einen Holzspieß stecken und mit einem Teigstrang umwickeln. Die Enden

gut andrücken. Die Spieße anschließend etwa 5 Minuten ruhen lassen.

4  Auf dem heißen Grill rundum 10 Minuten grillen, bis der Teig aufgegangen und goldbraun ist. Die Wurstspieße auf Tellern anrichten und mit dem süßen Senf servieren.

**ZUTATEN FÜR 4 PERSONEN**

4 dicke Holzspieße
4 Laugenbrezen zum Fertigbacken
(tiefgekühlt)
2 Weißwürste
4 EL süßer Senf

ZUTATEN FÜR 30 STÜCK

30 kleine festkochende Kartoffeln

Salz

ganzer Kümmel

15 kleine Rostbratwürste

Pfeffer aus der Mühle

1 kleines Glas mildes Ajvar

6 EL Tomatenketchup

6 EL Mayonnaise

Knoblauchsalz

Holz- oder Partyspießchen

# Kartoffelsandwiches
## mit Bratwürstchen

ZUBEREITUNG // 🕐 30 min

1 Die Kartoffeln waschen und mit der Schale in einem Topf in Salzwasser mit 1 Prise Kümmel etwa 15 Minuten garen. Abgießen und die Kartoffeln etwas abkühlen lassen.

2 Den Grill anheizen. Die Kartoffeln sowie die Bratwürste der Länge nach halbieren. Die Schnittflächen der Kartoffeln leicht mit Pfeffer würzen. Die Kartoffeln und die Würstchen auf dem heißen Grill auf jeder Seite 5 bis 7 Minuten grillen.

3 Inzwischen für die Sauce das Ajvar in einer kleinen Schüssel mit dem Ketchup und der Mayonnaise verrühren und mit Knoblauchsalz abschmecken.

4 Je 1 Kartoffel mit ½ Würstchen mit den Spießchen zu einem Sandwich zusammenstecken und mit der Sauce servieren.

# Garnelen-Hackfleisch-Spieße
## mit Chilisauce

### ZUTATEN FÜR 2–4 PERSONEN

8 dicke Holzspieße

300 g Garnelen (ohne Kopf; geschält)

200 g Schweinehackfleisch

1 EL Fischsauce

1 TL rote Currypaste

1 TL Palmzucker (ersatzweise brauner Zucker)

Pfeffer aus der Mühle

Öl zum Bestreichen

150 ml süßsaure Chilisauce

2 EL Reisessig

1 Bund gemischte asiatische Kräuter (z. B. Koriander, Thai-Basilikum, Minze)

### ZUBEREITUNG // ⏱ 20 min // 💧 30 min

1 Die Holzspieße in kaltem Wasser 30 Minuten einweichen. Den Grill anheizen. Die Garnelen auf einem Sieb waschen und gut abtropfen lassen. Das Garnelenfleisch grob hacken. In einer Schüssel mit dem Hackfleisch mischen und mit Fischsauce, Currypaste, dem Palmzucker und etwas Pfeffer würzen.

2 Die Garnelen-Hackfleisch-Masse in 8 Portionen teilen und mit angefeuchteten Händen zu kleinen Röllchen formen. Die Röllchen jeweils längs auf einen Holzspieß stecken und gut festdrücken. Mit Öl bestreichen und auf dem heißen Grill rundum 6 Minuten grillen.

3 Die Chilisauce mit dem Reisessig verrühren. Die Kräuter waschen und trocken schütteln. Die Blätter abzupfen, auf Teller verteilen und die Spieße darauf anrichten. Die Chilisauce dazu servieren.

---

TIPP   *Palmzucker schmeckt karamellartig und leicht malzig und wird aus den Blütenständen von Palmen gewonnen. Er ist gehackt oder am Stück erhältlich und wird vor der Verwendung gerieben.*

# Spareribs
## mit Rosmarin

**ZUTATEN FÜR 4 PERSONEN**

2 kg magere Schweinerippchen
100 g Tomatenketchup
2 EL Malzbier
1 EL Apfelessig
1 EL Zuckerrübensirup
1 EL gehackter Rosmarin
1 TL Currypulver
Salz · Pfeffer aus der Mühle

**ZUBEREITUNG //** 🕐 40 min

1 Die Schweinerippchen vom Metzger in einzelne Stücke à 3 bis 4 Rippchen teilen lassen. In kochendem Wasser 20 bis 30 Minuten vorgaren. Den Grill anheizen. Die Rippchen herausnehmen, abtropfen lassen und trocken tupfen.

2 Für die Marinade in einer kleinen Schüssel Ketchup, Bier, Essig, Rübensirup und Rosmarin zu einer Marinade verrühren und mit Currypulver, Salz und Pfeffer würzen.

3 Die Rippchen auf dem heißen Grill auf jeder Seite 4 bis 5 Minuten schön knusprig garen und erst am Ende der Garzeit mehrmals rundum mit der Marinade bestreichen.

4 Die Spareribs nach Belieben mit Rosmarinzweigen garnieren und einen gemischten Salat und Grill- oder Ofenkartoffeln (siehe S. 122) dazu reichen.

# Kalbskotelett
## mit Kapern

### ZUTATEN FÜR 4 PERSONEN

4 Kalbskoteletts (ca. 3 cm dick;
vom Knochen gelöst)
4 Zweige Thymian
3 Knoblauchzehen
grobes Meersalz
Pfeffer aus der Mühle
ca. 130 ml Olivenöl
2 EL Kapern
2 EL Zitronensaft
1 EL Ahornsirup

### ZUBEREITUNG // ⏱ 20 min // 💧 1 h

1 Die Koteletts waschen und trocken tupfen. Den Thymian waschen und trocken tupfen, die Knoblauchzehen schälen.

2 Thymianzweige und 1 Knoblauchzehe mit etwas Salz und Pfeffer und 8 EL Olivenöl in einer Schüssel mischen. Die Kalbskoteletts darin einlegen und zugedeckt mindestens 1 Stunde im Kühlschrank ziehen lassen.

3 Die Koteletts aus der Marinade nehmen, etwas abtropfen lassen und auf dem heißen Grill unter Wenden etwa 10 Minuten grillen. Dabei die Thymianzweige zum Aromatisieren mitgrillen.

4 Die Kapern grob hacken. Den übrigen Knoblauch durch die Presse drücken und beides mit dem restlichen Olivenöl, Zitronensaft, Salz, Pfeffer und Ahornsirup verrühren.

5 Die Koteletts auf Tellern anrichten und mit etwas Vinaigrette beträufelt servieren. Dazu passt frisches Weißbrot.

# Kalbskotelett
## mit Grillgemüse und Avocadodip

### ZUTATEN FÜR 4 PERSONEN

4 Kalbskoteletts (mit Knochen;
ca. 3 cm dick)

2 kleine Knoblauchzehen

4 Zweige Thymian

1 TL Fenchelsamen

Salz · Pfeffer aus der Mühle

ca. 2 EL Öl

2 kleine reife Avocados

1 Limette

Chiliflocken

12–16 Cocktailtomaten

8 milde Peperoni

8 kleine rote Zwiebeln

Zucker

### ZUBEREITUNG // ⏱ 40 min

1 Den Grill anheizen. Die Koteletts waschen und trocken tupfen. Den Knoblauch schälen und klein schneiden. Den Thymian waschen, trocken tupfen und die Blättchen abzupfen. Knoblauch, Thymian und Fenchelsamen im Mörser zerreiben. Die Koteletts rundum mit der Gewürzmischung einreiben, mit Salz und Pfeffer würzen und mit etwas Öl bestreichen.

2 Für den Dip die Avocados halbieren, den Stein entfernen und das Fruchtfleisch mit einem Löffel herauslösen. In eine Schüssel geben und mit einer Gabel zerdrücken. Die Limette halbieren, den Saft auspressen, hinzufügen und mit Salz, Pfeffer und Chiliflocken würzen.

3 Tomaten und Peperoni waschen und trocken tupfen. Mit Salz und Pfeffer würzen. Die Zwiebeln schälen, halbieren und mit Salz und Zucker würzen. Mit etwas Öl mischen und auf dem heißen Grill 10 bis 12 Minuten grillen. Nach 7 Minuten die Tomaten und die Peperoni dazulegen und mitgrillen.

4 Die Koteletts auf dem heißen Grill auf jeder Seite 4 bis 5 Minuten grillen. Vom Grill nehmen und noch etwas ruhen lassen. Mit dem Grillgemüse und dem Avocadodip anrichten und servieren.

TIPP   *Bevor Sie zu bereits eingelegtem Fleisch greifen, sollten Sie sich lieber beim Metzger Fleisch vom Stück schneiden lassen und es selbst nach Ihrem persönlichen Geschmack würzen und marinieren.*

# Hawaii-Burger
## mit Ananas

ZUBEREITUNG // 🕐 20 min

1 Den Grill anheizen. Aus dem Hackfleisch mit angefeuchteten Händen 4 etwa 1½ cm dicke Frikadellen formen und diese mit Salz und Pfeffer würzen.

2 Die Ananashälfte schälen, in 4 Scheiben schneiden und den harten Strunk herausschneiden. Die Frühlingszwiebeln putzen, waschen und in 10 cm lange Stücke schneiden. Die Mayonnaise mit saurer Sahne und Chutney verrühren, mit Salz, Pfeffer und Ahornsirup abschmecken. Die Salatblätter waschen und trocken schütteln.

3 Die Ananas, die Frühlingszwiebeln und die Frikadellen auf dem geölten Grillrost auf jeder Seite etwa 2 Minuten grillen. Die Brötchen quer halbieren, mit den Schnittflächen nach unten auf dem Grill rösten.

4 Die unteren Brötchenhälften mit etwas Creme bestreichen, mit je 1 Salatblatt und einigen Frühlingszwiebeln belegen. Je 1 Frikadelle und 1 Ananascheibe daraufgeben und mit Frühlingszwiebeln und 1 Klecks Mango-Mayonnaise abschließen. Mit den oberen Brötchenhälften bedecken und servieren.

### ZUTATEN FÜR 4 PERSONEN

400 g gemischtes Hackfleisch

Salz · Pfeffer aus der Mühle

½ kleine, reife Ananas (quer halbiert)

½ Bund Frühlingszwiebeln

2 EL Mayonnaise

2 EL saure Sahne

1 TL Mango-Chutney

Ahornsirup

4 Kopfsalatblätter

Öl für den Grillrost

2 EL Butter

4 Hamburger-Brötchen (mit Sesamsamen)

# Cheeseburger
## mit Tomaten und Zwiebeln

ZUBEREITUNG // 🕐 25 min

1 Den Grill anheizen. Die Zwiebeln schälen und fein hacken. Das Öl in einer Pfanne erhitzen, die Zwiebeln darin glasig dünsten und etwas abkühlen lassen.

2 Das Hackfleisch in einer Schüssel mit den Zwiebeln mischen und gut verkneten. Aus der Masse mit angefeuchteten Händen 4 etwa 2 cm dicke Frikadellen formen und mit Salz und Pfeffer würzen. Die Frikadellen auf dem geölten Grillrost auf jeder Seite etwa 4 Minuten grillen.

3 Die Salatblätter waschen und trocken schütteln. Die Tomaten waschen und in dünne Scheiben schneiden, dabei die Stielansätze entfernen. Die weiße Zwiebel schälen und in dünne Ringe schneiden.

4 Die Hamburger-Brötchen quer halbieren und die Schnittflächen kurz auf dem Grill anrösten. Dann die Unterseiten mit den Salatblättern, den Frikadellen, dem Käse, den Tomatenscheiben und den Zwiebelringen belegen. Je 1 EL Ketchup daraufgeben und mit den oberen Brötchenhälften bedecken.

# Saltimbocca-Spieße
## und Zucchini-Spieße

**ZUTATEN FÜR 18 UND 12 STÜCK**

*Für die Saltimbocca-Spieße*

18 Holzspieße

6 dünne Kalbsschnitzel (à ca. 125 g)

Öl für die Folie

6 Scheiben Parmaschinken

ca. 12 Salbeiblätter

1 Bund Rucola

2 Bio-Zitronen

ca. 5 EL Olivenöl

Salz · Pfeffer aus der Mühle

*Für die Zucchini-Spieße*

12 Holzspieße

4 Zucchini · Salz · Zucker

200 g Halloumi

(zypr. Grillkäse)

12 Cocktailtomaten

12 grüne Oliven (ohne Stein)

24 kleine Lorbeerblätter

1 Bund Petersilie

6 EL Olivenöl

1 TL Honig

1 Knoblauchzehe

Pfeffer aus der Mühle

**ZUBEREITUNG //** 🕐 je 20 min // 🌢 30 min

1 Den Grill anheizen. Für die Saltimbocca-Spieße die Holzspieße in kaltem Wasser 30 Minuten einweichen. Die Schnitzel zwischen zwei Lagen geölter Frischhaltefolie flach klopfen und mit Parmaschinken und Salbeiblättern belegen. Jedes Schnitzel längs in 3 Streifen schneiden und je 1 belegten Fleischstreifen wellenförmig auf einen Holzspieß stecken.

2 Den Rucola verlesen, waschen und trocken schütteln, grobe Stiele entfernen. Die Zitronen heiß waschen und trocken reiben. Eine Zitronenhälfte auspressen, die restlichen Zitronen vierteln und auf dem Grill anrösten. Den Zitronensaft mit 3 EL Olivenöl verrühren und mit Salz und Pfeffer würzen.

3 Die Spieße mit etwas Öl einpinseln und auf dem Grill auf jeder Seite je 1 bis 2 Minuten grillen, das Fleisch sollte innen noch zartrosa sein. Mit Salz und Pfeffer würzen und mit dem restlichen Olivenöl beträufeln. Den Rucola mit der Marinade mischen und mit Zitronenvierteln zu den Spießen servieren.

4 Für die Zucchini-Spieße die Holzspieße in kaltem Wasser 30 Minuten einweichen. Zucchini putzen, waschen und längs in 24 dünne Scheiben hobeln. Mit Salz und Zucker bestreuen, kurz ziehen lassen und trocken tupfen. Den Käse in 24 Würfel schneiden. Die Tomaten waschen und halbieren, die Oliven ebenfalls halbieren.

5 Je 1 Käsewürfel in 1 Zucchinischeibe einrollen und mit je 1 Oliven- und Tomatenhälfte auf einen Spieß stecken. Eine zweite Käserolle, Oliven- und Tomatenhälfte aufstecken und an beiden Enden mit 1 Lorbeerblatt abschließen. Die Petersilie waschen und trocken schütteln, die Blätter abzupfen und mit Olivenöl, Honig, geschältem Knoblauch, Salz und Pfeffer im Küchenmixer fein pürieren. Die Zucchini-Spieße rundum 6 bis 8 Minuten grillen und erst am Ende der Garzeit mit dem Petersilienöl bestreichen und servieren.

# T-Bone-Steak
## mit Backofengemüse

**ZUBEREITUNG //** 🕐 40 min

**1** Den Backofen auf 180 °C vorheizen. Den Knoblauch waagerecht halbieren. Die Möhren und Petersilienwurzeln putzen, schälen und beides jeweils längs vierteln. Die Zwiebeln schälen und in Spalten schneiden. Olivenöl, Zitronensaft und Gemüse mischen und mit Salz würzen. Mit dem Rosmarin auf einem mit Backpapier belegten Backblech verteilen und im Ofen 35 bis 40 Minuten weich garen, dabei ab und zu wenden. Den Grill anheizen.

**2** Die Steaks waschen, trocken tupfen und dünn mit Öl bestreichen. Mit Salz und Pfeffer würzen und auf den Grill legen.

**3** Auf jeder Seite 2 bis 3 Minuten grillen. Je nach persönlicher Vorliebe variiert die weitere Grillzeit: Nach 2 bis 3 Minuten ist das Steak rare, nach 4 bis 6 Minuten medium rare, nach 7 bis 8 Minuten medium und nach 9 bis 10 Minuten welldone. Die Steaks vom Grill nehmen und ein paar Minuten in Alufolie gewickelt ruhen lassen. Mit dem Backofengemüse servieren.

### ZUTATEN FÜR 4 PERSONEN

1 frische Knoblauchknolle
4 Möhren
4 Petersilienwurzeln
4 Zwiebeln
4 EL Olivenöl
Saft von 1 Zitrone
Meersalz
3–4 Zweige Rosmarin
4 T-Bone-Steaks (à ca. 400 g; ca. 3 cm dick)
2 EL Öl
Pfeffer aus der Mühle

ZUTATEN FÜR 4 PERSONEN

1 TL schwarze Pfefferkörner
1 TL weiße Pfefferkörner
1 TL rosa Pfefferbeeren
1 TL gehackter Rosmarin
1 TL gehackter Thymian
1 TL brauner Zucker
4 Rib-eye-Steaks (à ca. 200 g;
ca. 3 cm dick)
Thymian zum Garnieren

# Rib-eye-Steak
## mit Pfefferkruste

ZUBEREITUNG // 🕐 20 min

1 Den Grill anheizen. Die verschiedenen Pfefferkörner in einen Mörser geben und grob zerstoßen. Den Rosmarin, den Thymian und den Zucker untermischen und die Gewürze auf einen flachen Teller streuen.

2 Die Rindersteaks waschen, trocken tupfen und in der Würzmischung wenden. Auf dem Grill bei direkter Hitze auf jeder Seite 3 Minuten grillen, dann bei indirekter Hitze etwa 2 Minuten auf jeder Seite fertig grillen.

3 Die Steaks vom Grill nehmen, kurz ruhen lassen und evtl. mit Thymian garniert servieren.

4 Als Beilage schmecken gefüllte Kartoffelschalen sehr gut. Dafür 2 große gekochte Grillkartoffeln längs halbieren und mit einem Löffel aushöhlen, dabei einen Rand stehen lassen. Die Kartoffelmasse mit 1 EL Schmand, 2 EL geriebenem Käse und 1 TL Paprikapulver verrühren und mit Salz und Pfeffer würzen. In die ausgehöhlten Kartoffelhälften füllen und auf dem Grill mit geschlossenem Deckel etwa 10 Minuten garen.

# Mariniertes Rindersteak
## mit Knoblauch und Rosmarin

## ZUTATEN FÜR 4 PERSONEN

2–3 Knoblauchzehen

2 Zweige Rosmarin

Zitronensaft

ca. 6 EL Olivenöl

Pfeffer aus der Mühle

je 1 gelber und grüner
Zucchino

Salz

1 EL Grillwürzmischung (z. B.
Texas-Grill-Rub; siehe S. 23)

4 Rindersteaks (à 200 g)

grobes Meersalz

## ZUBEREITUNG // 🕐 30 min

1 Den Knoblauch schälen und in grobe Würfel schneiden. Den Rosmarin waschen und trocken tupfen, die Nadeln abzupfen und grob hacken. Mit dem Knoblauch und dem Zitronensaft in 4 EL Olivenöl rühren, mit Pfeffer würzen und 10 Minuten ziehen lassen.

2 Den Grill anheizen. Die Zucchini putzen, waschen, trocken reiben und in 2 cm dicke Scheiben schneiden. Mit dem restlichen Olivenöl mischen, mit Salz und Pfeffer würzen und in eine Alu-Grillschale legen.

3 Die Zucchini in der Aluschale auf dem Grill bei indirekter Hitze 10 Minuten mit geschlossenem Deckel grillen. Die Steaks waschen und trocken tupfen. Mit der Gewürzmischung einreiben und bei starker direkter Hitze, je nach gewünschtem Gargrad, auf jeder Seite 2 bis 5 Minuten grillen. Das Fleisch mit dem Knoblauch-Rosmarin-Öl bestreichen und noch einmal kurz grillen. Dabei wenden, damit der Knoblauch nicht verbrennt.

4 Die Steaks mit den Zucchinischeiben auf Tellern anrichten und mit etwas grobem Meersalz würzen. Das restliche Knoblauch-Rosmarin-Öl dazu reichen. Nach Belieben vorgegarte und halbierte Kartoffeln auf dem Grill erwärmen und dazu servieren.

TIPP *Für das perfekte Steak ist es wichtig, dass es auf dem Holzkohlegrill zwei Hitzezonen gibt: Direkte Hitze zum scharfen »Angrillen« und indirekte, um das Fleisch auf den Punkt sanft zu Ende zu garen.*

# Mein Lieblingsrezept für...
## Gegrilltes Fleisch

### *INDIREKT GEGRILLTES KRÄUTER-ROASTBEEF*

🕐 10 min // 🍳 1 h 05 min // Für 4 Personen

**1** 1,2 kg Roastbeef 1 Stunde vor Gebrauch aus dem Kühlschrank nehmen. Den Grill anheizen. Das Fleisch mit 2 EL Öl einreiben und mit Salz und Pfeffer würzen.

**2** Das Roastbeef auf dem Grill rundum 4 bis 5 Minuten goldbraun anbraten. Dann auf ein Küchenbrett legen.

**3** Je 1 Bund Rosmarin und Thymian waschen und trocken tupfen. 2 Knoblauchzehen schälen und in feine Würfel schneiden. Das Fleisch mit dem Knoblauch und 2 EL Senf einreiben. Die Kräuter um das Fleisch legen und mit Küchengarn wie bei einem Rollbraten festbinden.

**4** Ein Kuchengitter auf den Grillrost stellen. Ein Fleischthermometer mittig in das Fleisch stechen und das Roastbeef in einer Aluschale bei geschlossenem Deckel etwa 1 Stunde garen, bis es eine Kerntemperatur von etwa 55 °C erreicht hat.

# Lammrückenkoteletts
## mit süßscharfer Marinade

**ZUBEREITUNG //** 🕐 40 min

1 Den Lammrücken in 2 gleich große Stücke schneiden, mit Öl einreiben und mit Salz und Pfeffer würzen.

2 Für die Marinade den Tomatensaft mit Ahornsirup, Essig und Harissa verrühren, den Knoblauch schälen und dazupressen.

3 Den Grill anheizen. Die Lammrücken auf dem heißen Grill unter häufigem Wenden 25 bis 30 Minuten grillen. Die Stücke dabei während der letzten 10 Minuten immer wieder mit der Marinade bestreichen, bis das Fleisch schön gebräunt ist.

4 Dazu passen vorgegarte grüne Bohnen im Speckmantel oder grüner Spargel vom Grill (siehe S. 102).

**ZUTATEN FÜR 4 PERSONEN**

ca. 1½ kg Lammrücken
(küchenfertig; mit Knochen)
3 EL Öl
Salz · Pfeffer aus der Mühle
4 EL Tomatensaft
1 EL Ahornsirup
1 EL Apfelessig
2 TL Harissa (scharfe Gewürzpaste)
1 Knoblauchzehe

## ZUTATEN FÜR 4 PERSONEN

800 g Lammfleisch (aus der Keule)
4 EL Olivenöl
1 TL getrockneter Sumach
(türk. Sauerfruchtgewürz)
1 TL gemahlener Kreuzkümmel
1 EL getr. Thymian
Salz · Pfeffer aus der Mühle
16 Cocktailtomaten
4 Schalotten
1 gelbe Spitzpaprikaschote
8 Schaschlikspieße
Öl für die Spieße
1 Bio-Zitrone

# Lammspieße
## mit Cocktailtomaten

### ZUBEREITUNG // 🕐 25 min // 💧 3 h

1 Das Fleisch in 2 bis 2 ½ cm große Würfel schneiden. Das Olivenöl mit dem Sumach, Kreuzkümmel und Thymian zu einer Marinade verrühren, mit Salz und Pfeffer würzen. Das Fleisch in einer Schüssel mit der Marinade mischen und zugedeckt im Kühlschrank mindestens 3 Stunden ziehen lassen.

2 Den Grill anheizen. Die Tomaten waschen und trocken tupfen. Die Schalotten schälen und halbieren. Die Paprikaschote der Länge nach halbieren, entkernen, waschen und in 8 Stücke schneiden.

3 Die Schaschlikspieße mit Öl einreiben. Abwechselnd jeweils 4 Stücke Fleisch, 2 Tomaten, 1 Schalottenhälfte und 1 Paprikastück auf die Spieße stecken. Die Lammspieße auf dem Grill 8 bis 10 Minuten grillen, dabei gelegentlich wenden.

4 Die Zitrone heiß waschen, trocken reiben und in schmale Spalten schneiden. Die Spieße mit den Zitronenspalten und nach Belieben mit Petersilienblättern garnieren. Dazu passen frisch aufgebackene Fladenbrote und Knoblauchjoghurt.

# GEFLÜGEL & WILD

# Hähnchenkeulen
## mit Honig-Ketchup-Marinade

### ZUTATEN FÜR 6 PERSONEN

250 g Tomatenketchup
2 EL flüssiger Honig
einige Spritzer Tabasco
2 EL Worcestershiresauce
1 EL Texas-Grill-Rub
(siehe S. 23)
18 Hähnchenunterkeulen
Salz · Pfeffer aus der Mühle
Paprikapulver (edelsüß)
Limettenviertel zum Garnieren

### ZUBEREITUNG // 🕐 30 min // 💧 2 h

1 Das Ketchup mit dem Honig, dem Tabasco, der Worcestershiresauce und der Grillwürzmischung in einer großen Schüssel zu einer Marinade verrühren. Die Hähnchenkeulen waschen, trocken tupfen und gut mit der Marinade mischen. Das Fleisch zugedeckt 2 bis 3 Stunden im Kühlschrank marinieren.

2 Den Grill anheizen oder den Backofen auf 200 °C vorheizen, das Ofengitter auf die mittlere Schiene und darunter ein Abtropfblech schieben. Die Hähnchenkeulen aus der Marinade nehmen, abtropfen lassen und mit Salz, Pfeffer und Paprikapulver würzen.

3 Die Keulen auf dem heißen Grill auf jeder Seite 8 bis 10 Minuten grillen. Oder im Ofen auf dem Gitter etwa 20 Minuten garen, dabei gelegentlich wenden. Dann den Backofengrill einschalten und die Hähnchenkeulen weitere 10 Minuten rundum goldbraun grillen.

4 Die Hähnchenkeulen nach Belieben auf Salatblättern anrichten und mit den Limettenstücken garnieren. Pommes frites oder gegrillte Kürbisspalten (siehe S. 109) und Coleslaw (siehe Tipp) dazu servieren.

TIPP *Für Coleslaw einen halben Spitzkohl und 2 Möhren in Streifen schneiden und den Salat mit einer Mischung aus 80 g Mayonnaise, 2 EL saurer Sahne, 1 EL Essig, 1 TL Senf, Selleriesalz, Pfeffer und Zucker anmachen.*

# Hähnchenbrust
## Tandoori-Style

**ZUBEREITUNG //** 🕐 45 min 💧 2 h

1 Die Hähnchenbrüste waschen, mit Küchenpapier trocken tupfen und in eine Schale legen.

2 Den Knoblauch schälen und in eine Schüssel pressen. Den Ingwer, den Joghurt, alle Gewürze, Salz und Pfeffer hinzufügen und alles gut verrühren. Die Hähnchenbrüste damit marinieren und zugedeckt im Kühlschrank mindestens 2 Stunden ziehen lassen.

3 Das Fleisch aus der Marinade nehmen, abtropfen lassen und auf dem heißen Grill unter regelmäßigem Wenden in einer Alu-Grill-schale 25 bis 35 Minuten bei mittlerer Hitze grillen, dabei mit etwas Marinade betreichen. Vom Grill nehmen und servieren. Dazu passt indisches Naanbrot (siehe S. 23) und ein grüner Salat.

4 Am sichersten gelingen Geflügel am Knochen oder dicke Steaks mit einem Fleischthermometer. Die Hähnchenbrust sollte eine Kerntemperatur von gut 70 °C haben.

## ZUTATEN FÜR 4 PERSONEN

2 doppelte Hähnchenbrustfilets
(à ca. 350 g; mit Knochen)
2 Knoblauchzehen
1 TL frisch geriebener Ingwer
250 g Naturjoghurt
1 TL gemahlener Koriander
1 TL gemahlene Kurkuma
1 TL gemahlener Kardamom
1 TL Paprikapulver (rosenscharf)
1 TL Garam Masala
Salz · Pfeffer aus der Mühle

ca. 1,5 kg Hähnchenflügel

Salz

120 g Tomatenketchup

50 g Apfeldicksaft

2 EL Apfelessig

2 EL Sojasauce

1 Knoblauchzehe

1–2 TL Texas-Grill-Rub (siehe S. 23)

100 g Blauschimmelkäse

200 g saure Sahne

1 Spritzer Zitronensaft

Pfeffer aus der Mühle

# Hähnchenflügel
## mit Blauschimmelkäse-Dip

ZUBEREITUNG // 🕐 40 min

1 Die Hähnchenflügel waschen, im Gelenk teilen und in kochendem Salzwasser oder Hühnerbrühe etwa 15 Minuten vorgaren. Herausnehmen und abtropfen lassen. Den Grill anheizen.

2 Für die Marinade Ketchup, Apfeldicksaft, Essig und Sojasauce in einer kleinen Schüssel verrühren. Den Koblauch schälen und dazupressen und mit dem Grillgewürz würzen.

3 Die Hähnchenflügel mit Salz würzen und auf dem heißen Grill unter regelmäßigem Wenden etwa 15 Minuten knusprig grillen und erst am Ende der Garzeit rundum mit der Marinade bestreichen.

4 Für den Dip den Käse mit einer Gabel zerdrücken und die saure Sahne untermischen. Mit Zitronensaft, Salz und Pfeffer abschmecken.

5 Den Dip in kleine Schälchen füllen und mit den Hähnchenflügeln auf Tellern anrichten.

# Grillhähnchen
## mit Knoblauch und Kräutern

### ZUTATEN FÜR 4 PERSONEN

2 Hähnchen
(à 1,2 kg; küchenfertig)
3 Stiele Salbei
1 Stiel Petersilie
2 Zweige Rosmarin
1 Bio-Zitrone
2–3 Knoblauchzehen
1 TL mittelscharfer Senf
Olivenöl zum Bestreichen
Salz · Pfeffer aus der Mühle

### ZUBEREITUNG // 🕐 50 min

1 Den Grill anheizen. Von den Hähnchen die Rückenknochen mit der Geflügelschere durchtrennen, die Hähnchen innen und außen waschen und trocken tupfen. Die Hähnchen aufklappen, kräftig platt drücken und mit der Haut nach oben auf die Arbeitsfläche legen.

2 Die Kräuter waschen, trocken schütteln, die Blätter bzw. Nadeln abzupfen und fein hacken. Die Zitrone heiß waschen, trocken reiben, die Schale fein abreiben und den Saft auspressen. Den Knoblauch schälen und fein hacken. Die Kräuter mit Zitronenschale und -saft, Knoblauch und Senf verrühren.

3 Die Hähnchenhaut an den Rändern anheben und die Kräuterpaste mit einem Teelöffel unter die Haut schieben. Etwas einmassieren, damit sich die Paste gleichmäßig unter der Haut verteilt. Die Hähnchen außen mit Olivenöl bestreichen und kräftig mit Salz und Pfeffer würzen.

4 Die Hähnchen mit der Hautseite nach unten bei indirekter Hitze 20 Minuten grillen. Dann wenden und weitere 15 Minuten grillen. Nochmals wenden und die Haut 5 Minuten knusprig braten. Nach Belieben mit Salbei garnieren und mit knusprigen Thymian-Kartoffelecken (siehe Tipp) anrichten.

---

**TIPP** *Für die Kartoffeln 3 EL Öl, 2 EL Thymianblättchen, 2 TL scharfen Senf und 3 EL Zitronensaft verrühren. 800 g Kartoffeln vierteln und mit der Marinade mischen. Im 200 °C heißen Backofen 45 Minuten garen.*

# Mein Lieblingsrezept für...
## Hähnchen vom Grill

### *BAYERISCHES DOSENHÄHNCHEN MIT SCHMORGEMÜSE*

🕐 20 min // 🍽 1 h // Für 4 Personen

**1** 2 Brathähnchen waschen, trocken tupfen und die Keulen einschneiden. Mit je ½ Zitrone und 2 Petersilienstielen füllen. Grill anheizen.

**2** Die Hähnchen mit Salz, Pfeffer, Paprikapulver und Kümmel einreiben. Die Deckel von zwei halbvollen Bierdosen einstechen und die Hähnchen daraufsetzen.

**3** Die Dosenhähnchen auf einer geschlossenen-Alu-Grillschale etwa 1 Stunde mit geschlossenem Deckel garen, bis sie eine Kerntemperatur von 75 bis 80 °C haben.

**4** 300 g Knollensellerie, 2 Möhren und 4 Schalotten schälen und zerkleinern. Mit Salz, Zucker, 2 EL Öl und etwas Knoblauch mischen. Das Gemüse 30 Minuten vor Garzeitende zu den Hähnchen in die Grillschale geben.

**5** In einem Topf 200 ml Malzbier und 1 EL Apfelessig sirupartig einkochen lassen und kurz vor Ende der Garzeit die Hähnchen damit bestreichen. Mit 1 bis 2 EL gehackter Petersilie bestreuen und servieren.

# Putenbrustspieße
## mit süßsaurer Chilisauce

### ZUTATEN FÜR 4 PERSONEN

9 Stängel Zitronengras
1 Knoblauchzehe
1 Bio-Limette
1 EL helle Sojasauce
1 TL brauner Zucker
500 g Putenhackfleisch
1 Eiweiß
ca. 200 ml süßsaure Chilisauce

### ZUBEREITUNG // 🕐 25 min // ❄ 1 h

1 Von 1 Zitronengrasstängel die äußeren Blätter und die obere, trockene Hälfte entfernen, das Helle fein hacken und in eine Schüssel geben. Den Knoblauch schälen, in feine Würfel schneiden und hinzufügen.

2 Die Limette heiß waschen, trocken reiben und die Schale fein abreiben. Limettenschale, Sojasauce und braunen Zucker mit dem Zitronengras-Knoblauch-Mix verrühren. Das Hackfleisch und das Eiweiß dazugeben, gut mischen und die Masse 1 Stunde kühl stellen.

3 Den Grill anheizen. Die restlichen Zitronengrasstängel putzen, waschen, trocken tupfen und am oberen Ende spitz zuschneiden.

4 Aus der Hackfleischmasse mit angefeuchteten Händen 8 längliche flache Stücke formen und auf das Zitronengras spießen. Die Spieße auf dem Grill auf jeder Seite 3 bis 4 Minuten goldbraun grillen. Sofort mit der Chilisauce servieren. Dazu passt ein Gurkensalat mit Erdnüssen und Chiliflocken, Reisessig und Öl.

# Satéspieße
## mit Kokos-Erdnuss-Sauce

## ZUTATEN FÜR 4 PERSONEN

**Für die Spieße**
8 lange Holzspieße
500 g Schweinefilet
2 Knoblauchzehen
10 g Ingwer
3 cm Zitronengras
je 1 EL helle Sojasauce
und Fischsauce
1 TL Zucker · ½ EL Öl
Salz · Pfeffer aus der Mühle
**Für die Sauce**
100 g Erdnüsse
200 ml Kokosmilch
1 TL rote Currypaste

## ZUBEREITUNG // 🕐 25 min // 💧 1 h

1 Für die Spieße die Holzspieße in kaltem Wasser 30 Minuten einweichen. Das Fleisch in etwa 20 cm lange und 2 cm breite Streifen schneiden. Die Fleischstreifen der Länge nach wellenförmig auf die Holzspieße stecken und in eine flache Schüssel legen.

2 Knoblauch und Ingwer schälen und fein hacken. Das Zitronengras putzen, waschen und ebenfalls fein hacken. Alles mit der Soja- und der Fischsauce, Zucker und Öl verrühren, mit Salz und Pfeffer würzen. Die Fleischspieße in der Mischung wenden und zugedeckt etwa 1 Stunde im Kühlschrank marinieren. Den Grill anheizen.

3 Für die Sauce die Erdnüsse in einer Pfanne anrösten und im Küchenmixer fein zerkleinern. Mit Kokosmilch und Currypaste aufkochen und bei Bedarf mit etwas Wasser verdünnen.

4 Die Spieße aus der Marinade nehmen und abtropfen lassen. In einer Alu-Grillschale auf jeder Seite etwa 4 Minuten grillen, dabei gelegentlich mit der Marinade bestreichen. Mit der Kokos-Erdnuss-Sauce und nach Belieben mit Limettenspalten servieren.

# Entenbrust
## mit bunten Beten

### ZUTATEN FÜR 4 PERSONEN

300 g Rote Beten
300 g Gelbe Beten
1 EL weiche Butter
Salz · Pfeffer aus der Mühle
2 EL Orangensaft
4 Zweige Thymian
1 EL Honig
2 EL alter Aceto balsamico
4 Entenbrustfilets
(à ca. 300 g)

### ZUBEREITUNG // ⏱ 20 min // 🍳 1 h

1 Den Grill anheizen. Die Roten und die Gelben Beten putzen, schälen und in etwa 3 cm große Würfel schneiden (dabei am besten Einweghandschuhe tragen).

2 Ein großes Stück feste Alufolie (etwa 30 × 40 cm) mittig mit der Butter bestreichen und die bunten Beten daraufgeben. Die Folienränder hochziehen, das Gemüse kräftig mit Salz und Pfeffer würzen und mit dem Orangensaft beträufeln. Den Thymian waschen, trocken tupfen und auf die bunten Beten legen. Dann die Alufolie zu einem Päckchen verschließen und die bunten Beten bei schwacher Hitze etwa 1 Stunde grillen.

3 Inzwischen den Honig mit dem Essig verrühren und mit Salz und Pfeffer würzen. Die Entenbrustfilets waschen und trocken tupfen. Auf der Hautseite im Abstand von etwa 1 cm mit einem scharfen Messer einritzen, dabei aber nicht in das Fleisch schneiden.

4 Die Entenbrustfilets mit Salz und Pfeffer würzen und auf dem heißen Grill auf der Hautseite etwa 7 Minuten grillen. Wenden und etwa 2 Minuten auf der Fleischseite grillen. Die Entenbrustfilets ebenfalls in Alufolie wickeln und über indirekter Hitze 10 Minuten ziehen lassen. (Das Fleisch sollte eine Kerntemperatur von 58 bis 60 °C haben.) Die Entenbrustfilets mit der Balsamico-Honig-Marinade und den gegrillten Roten und Gelben Beten servieren.

TIPP   *Ebenfalls lecker dazu ist ein fruchtiger Dip aus 50 g gehackten Himbeeren, 1 TL geriebenem Ingwer, je 1 EL Himbeerkonfitüre und -essig, 2 bis 3 EL Wasser, etwas Thymian, 2 EL Olivenöl, Salz und Pfeffer.*

# Hirschkotelett
## mit Grillgemüse

ZUBEREITUNG // 🕐 25 min

1 Den Grill anheizen. Den Knoblauch schälen und grob hacken, die Wacholderbeeren andrücken. Knoblauch, Wacholderbeeren, Rosmarin, Pfefferkörner, Orangenschale und 1 TL Meersalz im Mörser fein zerreiben.

2 Die Peperoni und die Tomaten waschen. Den Spargel waschen, im unteren Drittel schälen und die holzigen Enden abschneiden. Die Spargelstangen mit den Peperoni auf Alu-Grillschalen verteilen. Mit 1 bis 2 EL Olivenöl beträufeln, mit Salz und Pfeffer würzen und auf dem heißen Grill 10 bis 15 Minuten

garen. Nach etwa 5 Minuten die Tomaten dazulegen, mit dem übrigen Olivenöl beträufeln und ebenfalls mit Salz und Pfeffer würzen. Das Gemüse dabei gelegentlich wenden.

3 Die Hirschkoteletts mit der Gewürzmischung einreiben und auf dem heißen Grill auf jeder Seite etwa 5 Minuten grillen. Hirschkoteletts und Grillgemüse vom Grill nehmen und auf einer Platte oder Tellern angerichtet servieren.

ZUTATEN FÜR 4 PERSONEN

1 Knoblauchzehe

3 Wacholderbeeren

1 TL Rosmarinnadeln

1 TL schwarze Pfefferkörner

1 TL abgeriebene
Bio-Orangenschale

grobes Meersalz

8 milde gelbe Peperoni

12 Cocktailtomaten

1 kg grüner Spargel

3 EL Olivenöl

Salz · Pfeffer aus der Mühle

8 Hirschkoteletts (à ca. 150 g;
2–3 cm dick)

## ZUTATEN FÜR 4 PERSONEN

1 Bio-Zitrone

2 Zweige Rosmarin

1 Knoblauchzehe

2 Msp. Zimtpulver

1 TL brauner Zucker

4 EL Olivenöl

1 EL grober Senf

1 Kaninchen (ca. 1,8 kg; küchenfertig)

Salz · Pfeffer aus der Mühle

# Gegrilltes Kaninchen
## in Zitronenmarinade

**ZUBEREITUNG //** ⏱ 35 min // 💧 2 h

1 Die Zitrone heiß waschen, trocken reiben und die Schale mit einem Zestenreißer in feinen Streifen abziehen. Den Saft auspressen. Den Rosmarin waschen und trocken schütteln, den Knoblauch schälen und grob hacken.

2 Zitronenschale, Rosmarinnadeln, Knoblauch, Zimt und Zucker im Mörser fein zerreiben. Mit dem Olivenöl, Zitronensaft und Senf verrühren.

3 Das Kaninchen waschen, trocken tupfen und in 8 bis 10 Stücke zerlegen, dabei die Vorder- und Hinterläufe mehrmals mit einem Messer

einschneiden. Die Kaninchenteile mit Salz und Pfeffer würzen, mit der Gewürzmischung einreiben und zugedeckt im Kühlschrank 2 Stunden ziehen lassen.

4 Den Grill anheizen. Die Fleischstücke auf dem heißen Grill bei geschlossenem Deckel (am besten bei indirekter Hitze) etwa 20 Minuten grillen. Dabei ab und zu wenden.

5 Das Fleisch nach Belieben mit Frühlingszwiebelringen, Rosmarin und Zitronenzesten garniert servieren.

# FISCH &
# MEERESFRÜCHTE

# Red Snapper
## mit indischer Würzpaste

### ZUTATEN FÜR 4 PERSONEN

10 Stiele Thai-Basilikum
1 Schalotte
1 Knoblauchzehe
2 EL Tamarindenpaste
2 EL Palmzucker
1 EL Garam Masala
(ind. Gewürzmischung)
Salz
1 TL Sesamöl
1 großer Red Snapper
(ca. 1 kg; küchenfertig)
Öl zum Bestreichen und
für den Grillrost
1 Bio-Limette
Thai-Basilikum zum Garnieren

### ZUBEREITUNG // 🕐 30 min

1 Den Grill anheizen. Das Basilikum waschen und trocken schütteln, von 6 Basilikumstielen die Blätter abzupfen und hacken, die restlichen Stiele beiseitelegen. Die Schalotte und den Knoblauch schälen und beides fein hacken. Die Tamarindenpaste mit gehacktem Basilikum, Schalotte, Knoblauch, Palmzucker, Garam Masala und 1 TL Salz zu einer Paste verrühren. Das Sesamöl unterrühren.

2 Den Fisch innen und außen waschen und trocken tupfen. Die Haut im Abstand von 1 cm auf beiden Seiten etwas einschneiden. Die Würzpaste mit einem Küchenpinsel in die Einschnitte und in die Bauchhöhle streichen. Die restlichen ganzen Basilikumstiele in die Bauchhöhle geben, den Fisch mit dem Öl bestreichen und mit Salz würzen.

3 Den Grillrost einölen. Den Fisch auf dem heißen Grill auf jeder Seite 8 bis 10 Minuten grillen, dabei auf möglichst gleichmäßige Temperatur achten. Den Fisch mit einer großen Palette oder dem Grillspatel einmal wenden.

4 Die Limette heiß waschen, trocken reiben und achteln. Den Fisch auf einer vorgewärmten Platte anrichten und mit den Limettenspalten und dem Basilikum garniert servieren.

TIPP   *Red Snapper ist ein wohlschmeckender Speisefisch. Wegen seines festen Fleisches eignet er sich gut zum Grillen. Da er nur wenige Gräten hat, ist er einfach zuzubereiten und zu verspeisen.*

# Lachsspieße
## auf grünen Bohnen

### ZUTATEN FÜR 4 PERSONEN

750 g grüne Bohnen · Salz
3 Stiele Bohnenkraut
2 EL Butter
weißer Pfeffer aus der Mühle
ca. 16 Holzspieße
600 g Lachsfilet (ohne Haut)
3–4 EL Zitronensaft
1 Knoblauchzehe
150 g Naturjoghurt
etwas abgeriebene Bio-Zitronenschale (oder Zesten)
2 EL Olivenöl

### ZUBEREITUNG // 🕐 25 min // 💧 30 min

1 Die Holzspieße in kaltem Wasser 30 Minuten einweichen. Die Bohnen putzen, waschen und in kochendem Salzwasser mit dem Bohnenkraut 8 bis 10 Minuten garen. Abgießen und kalt abschrecken. Kurz vor dem Servieren die Bohnen in der Butter andünsten und mit Salz und Pfeffer würzen.

2 Den Grill anheizen. Das Lachsfilet waschen, trocken tupfen und in 3 bis 4 cm große Würfel schneiden. Je 3 Fischwürfel auf einen Holzspieß stecken. Mit 1 bis 2 EL Zitronensaft beträufeln, etwas ziehen lassen.

3 Für den Dip den Knoblauch schälen und in feine Würfel schneiden. Mit dem Joghurt, dem restlichen Zitronensaft und der Zitronenschale verrühren, mit Salz und Pfeffer abschmecken.

4 Den Lachs mit Küchenpapier trocken tupfen und mit dem Olivenöl bestreichen. Auf dem heißen Grill auf jeder Seite etwa 3 Minuten grillen. Mit Salz und Pfeffer würzen und auf den Bohnen anrichten. Den Dip dazu servieren.

# Lachssteaks
## in Pastis mit Tapenade

### ZUTATEN FÜR 4 PERSONEN

2 kleine Schalotten

1 TL eingelegter grüner Pfeffer

Saft von 1 Zitrone

7 EL Olivenöl

2 cl Pastis (alternativ Ouzo)

Salz · 4 Lachssteaks (à 250 g;
mit Haut)

2 Knoblauchzehen

2 Sardellenfilets (in Öl)

150 g schwarze Oliven (ohne Stein)

4 EL Kapern

1 milde rote Peperoni

Pfeffer aus der Mühle

Öl für den Grillrost

### ZUBEREITUNG // 🕐 25 min // 💧 1 h

1 Die Schalotten schälen und mit dem grünen Pfeffer fein hacken. Die Pfeffermischung mit dem Zitronensaft, 2 EL Olivenöl, Pastis und 1 Prise Salz in einer Schüssel verrühren.

2 Die Steaks waschen, trocken tupfen und mit der Marinade in einen Gefrierbeutel geben, dabei die Marinade auf den Steaks verteilen. Gut verschlossen 1 Stunde kühl stellen.

3 Den Knoblauch schälen. Die Sardellenfilets abtropfen lassen und grob zerkleinern. Mit Knoblauch, Oliven, Kapern und restlichem Olivenöl mit dem Stabmixer fein pürieren. Die Peperoni längs halbieren, entkernen, waschen und fein hacken. Unter die Tapenade mischen und mit Pfeffer würzen.

4 Den Grill anheizen. Den Grillrost einölen. Die Steaks aus der Marinade nehmen und auf dem heißen Grill über direkter Hitze auf einer Seite 4 bis 6 Minuten grillen, dann wenden und auf der zweiten Seite fertig garen. Die Lachssteaks mit der Tapenade anrichten und servieren.

# Mein Lieblingsrezept für...
## Gegrillten Fisch

### MARINIERTER LACHS – AUF DER HOLZPLANKE GEGRILLT

🕐 35 min // 💧 3 h // Für 4 Personen

**1** Ein Zedernholzbrett (aus dem Haushaltswarengeschäft oder Baumarkt) in einem Backblech 2 bis 3 Stunden wässern, dabei das Brett mit einem Gewicht beschweren, damit das Brett nicht oben schwimmt. Für die Marinade je 1 TL Pfeffer, Salz und Chilisauce, 4 EL Teriyakisauce mit je 2 EL Ahornsirup und Limettensaft verrühren.

**2** 1 kg Lachsfilet (ohne Haut) waschen und trocken tupfen. Mit der Marinade in einen Gefrierbeutel füllen, verschließen und 2 bis 3 Stunden marinieren.

**3** Den Grill auf 300 °C vorheizen. Das Lachsfilet auf das gewässerte Brett legen und mit 1 EL braunem Zucker bestreuen.

**4** Bei 100 bis 140 °C mit geschlossenem Deckel etwa 25 Minuten garen, bis der Lachs eine Kerntemperatur von etwa 60 °C hat. Nach Belieben mit Korianderblättern und Limettenvierteln servieren.

3

4

# Dorade
## auf Zitronenscheiben

**ZUTATEN FÜR 4 PERSONEN**

3 Bio-Zitronen
1–2 Knoblauchzehen
4 EL Olivenöl
Salz · Pfeffer aus der Mühle
2 Doraden (à ca. 400 g;
küchenfertig)
2–3 Stiele Dill
Öl für den Grillrost
½ Handvoll Thymian
zum Garnieren

**ZUBEREITUNG //** 🕐 25 min

1 Den Grill anheizen. Die Zitronen heiß waschen und trocken reiben. Die Schale von 1 Zitrone abreiben und den Saft auspressen. Die beiden restlichen Zitronen in dünne Scheiben schneiden.

2 Für die Marinade den Knoblauch schälen und durch die Knoblauchpresse drücken. Mit der Zitronenschale, dem Zitronensaft und dem Olivenöl verrühren. Kräftig mit Salz und Pfeffer würzen.

3 Die Fische innen und außen waschen, trocken tupfen und rundum mit der Marinade bestreichen. Die Dillstiele waschen, trocken tupfen, etwas zerkleinern und mit den Zitronenscheiben in die Bauchhöhlen der Fische verteilen. Die Doraden auf den geölten Grillrost oder ein geöltes Fisch-Grillgitter legen, das Grillgitter verschließen. Die Fische auf dem heißen Grill über indirekter Hitze auf jeder Seite 6 bis 8 Minuten garen. Den Thymian waschen und trocken schütteln.

4 Die Doraden vom Grill nehmen und gegebenenfalls aus dem Gitter lösen. Mit den Zitronenscheiben auf einer Platte anrichten und mit dem Thymian garniert servieren.

**TIPP** *Sie können den Fisch statt mit Dill auch mit Rosmarin, Basilikum, Fenchelkraut oder Oregano füllen. Und legen Sie als Beilage Zucchini- und Auberginenscheiben sowie Cocktailtomaten mit auf den Grill!*

# Gegrillter Zander
## auf Zucchini-Gemüse

ZUBEREITUNG // ⏱ 30 min

1 Den Grill anheizen. Den Backofen auf 220 °C vorheizen. Die Zucchini putzen, waschen und längs in dünne Scheiben schneiden. Die Frühlingszwiebeln ebenfalls putzen und waschen, längs halbieren und die Hälften in etwa 12 cm lange Stücke schneiden. Den Kohlrabi schälen, halbieren und in feine Scheiben schneiden.

2 Ein Backblech mit Olivenöl bestreichen und das Gemüse darauf verteilen. Mit dem Zitronensaft und 2 EL Olivenöl beträufeln und mit Salz und Pfeffer würzen. Den Wein angießen und das Gemüse im Ofen auf der mittleren Schiene 10 Minuten garen.

3 Die Fischfilets waschen, trocken tupfen und mit dem restlichen Olivenöl bestreichen. Auf dem heißen Grill über direkter Hitze auf der Hautseite 3 bis 4 Minuten grillen, dann wenden und 2 bis 3 Minuten fertig grillen. Mit Salz und Pfeffer würzen.

4 Das Gemüse samt Garflüssigkeit auf Tellern anrichten und die Zanderfilets darauflegen. Mit Petersilienblättern bestreut servieren.

## ZUTATEN FÜR 4 PERSONEN

2 Zucchini
8 Frühlingszwiebeln
200 g Kohlrabi
4–5 EL Olivenöl
2 EL Zitronensaft
Meersalz
Pfeffer aus der Mühle
1 Schuss trockener Weißwein
4 Zanderfilets (à ca. 160 g; mit Haut)
einige Petersilienblätter

ZUTATEN FÜR 4 PERSONEN

2 Wolfsbarsche (à ca. 500 g; küchenfertig)
8 frische Kaffir-Limettenblätter
8 frische Lorbeerblätter
1 Bio-Zitrone
2–3 EL Olivenöl
Salz · Pfeffer aus der Mühle
Öl für den Grillrost

# Wolfsbarsch

## mit Lorbeer und Zitrone

**ZUBEREITUNG //** 🕐 25 min

1 Den Grill anheizen. Die Fische innen und außen waschen und trocken tupfen. Die Kaffir-Limettenblätter und die Lorbeerblätter waschen, trocken tupfen und längs halbieren.

2 Die Fischhaut auf jeder Seite mit einem scharfen Messer 8-mal quer und leicht schräg einschneiden. Die Einschnitte mit den Kräuterblättern spicken. Die Zitrone heiß waschen, trocken reiben und in Achtel schneiden.

3 Die Fische mit dem Olivenöl bestreichen und mit Salz und Pfeffer würzen. Die Wolfs-barsche auf den geölten Grillrost oder ein Fisch-Grillgitter legen, das Grillgitter verschließen. Die Fische auf dem heißen Grill über indirekter Hitze auf jeder Seite 8 bis 10 Minuten grillen.

4 Die Fische auf Tellern anrichten und mit den Zitronenachteln garnieren. Dazu passen eine Safran-Aioli und geröstetes Weißbrot.

# Forellen
## mit Kräuterbutter

### ZUTATEN FÜR 4 PERSONEN

Für die Kräuterbutter
125 g weiche Butter
1 EL Crème fraîche
2 EL gemischte Kräuter
(z.B. Thymian, Basilikum,
Majoran)
1 EL Zitronensaft
Salz · Pfeffer aus der Mühle

Für die Forellen
4 Forellen (à ca. 350 g;
küchenfertig)
2 Knoblauchzehen
1 Bio-Zitrone
8 Zweige Rosmarin
8 Scheiben Frühstücksspeck
3 EL Olivenöl
Meersalz
Pfeffer aus der Mühle

### ZUBEREITUNG // 🕐 30 min // ❄ 1 h

1 Den Grill anheizen. Für die Kräuterbutter die weiche Butter mit der Crème fraîche in einer Schüssel mit dem Handrührgerät schaumig rühren.

2 Die Kräuter waschen, trocken tupfen und fein hacken. Mit dem Zitronensaft unter die Buttermischung rühren und mit Salz und Pfeffer würzen. Die Kräuterbutter im Kühlschrank etwa 1 Stunde fest werden lassen.

3 Die Forellen innen und außen waschen und trocken tupfen. Den Knoblauch schälen und in Scheiben schneiden. Die Zitrone heiß waschen, trocken reiben und in Scheiben schneiden. Den Rosmarin waschen, trocken schütteln und mit den Knoblauch- und Zitronenscheiben in die Bauchhöhlen der Forellen füllen.

4 Die Fische mit jeweils 2 Scheiben Speck umwickeln, mit 2 EL Olivenöl beträufeln und mit Salz und Pfeffer würzen. Die Fisch-Grillgitter mit dem restlichen Olivenöl bestreichen, die Fische hineinlegen und verschließen.

5 Die Forellen auf dem heißen Grill auf jeder Seite 6 bis 8 Minuten grillen. Die Forellen aus dem Grillgitter lösen und mit der Kräuterbutter servieren. Dazu passen Fenchelspalten und junge Kartoffeln vom Grill (siehe Tipp).

TIPP *Für den Fenchel 2 Knollen in 1 cm dicke Spalten schneiden, mit Öl bestreichen und mit Salz und Pfeffer würzen. Mit vorgegarten neuen Kartoffeln (mit Schale) auf den Grill legen und garen.*

# Schwertfischspieße
## mit Kumquats und Cocktailtomaten

ZUTATEN FÜR 4 PERSONEN

400 g Cocktailtomaten
12 Kumquats
24 frische Lorbeerblätter
600 g Schwertfischfilet
ca. 8 Holzspieße (eingeweicht)
2 Knoblauchzehen
½ Bund Petersilie
6 EL Olivenöl
Saft und abgeriebene Schale
von 1 Bio-Zitrone
150 g Salatblätter (z. B. Roma-
na-, Batavia- oder Eisbergsalat;
geputzt und gewaschen)
Salz · Pfeffer aus der Mühle
2 TL Honig

ZUBEREITUNG // 🕐 25 min // 💧 2 h

1 Cocktailtomaten und Kumquats waschen und trocken tupfen, die Kumquats halbieren. Die Lorbeerblätter waschen und trocken tupfen. Das Fischfilet waschen, trocken tupfen und in 2 bis 3 cm große Würfel schneiden. Fisch, Tomaten, Lorbeer-blätter und Kumquats abwechselnd auf die eingeweichten Holz-spieße stecken.

2 Den Knoblauch schälen und in feine Würfel schneiden. Die Pe-tersilie waschen und trocken schütteln und die Blätter fein ha-cken. 4 EL Olivenöl mit 1 EL Zitronensaft, der Zitronenschale, dem Knoblauch und der Petersilie verrühren. Die Fischspieße in der Marinade wenden und zugedeckt 2 Stunden ziehen lassen.

3 Den Grill anheizen. Die Fischspieße mit Salz und Pfeffer würzen und auf dem heißen Grill rundum 3 bis 4 Minuten grillen. Den Salat auf Tellern anrichten. Das restliche Olivenöl mit dem Zi-tronensaft und dem Honig verrühren und mit Salz und Pfeffer würzen. Den Salat damit beträufeln und dann die Fischspieße darauf anrichten.

# Schwertfischsteak
## mit Kartoffel-Lauch-Püree

ZUTATEN FÜR 4 PERSONEN

1 große Stange Lauch · Salz
60 g Butter
125 ml Milch
600 g mehligkochende
Kartoffeln (gegart, gepellt und
noch heiß)
frisch geriebene Muskatnuss
4 Schwertfischsteaks (à 150 g;
1,5 cm dick)
1 EL Olivenöl
1 Bio-Zitrone
Pfeffer aus der Mühle

**ZUBEREITUNG //** 🕐 30 min

1 Den Grill anheizen. Den Lauch putzen und waschen, den grünen Teil in feine Streifen, den weißen in Würfel schneiden. Die Lauchstreifen in kochendem Salzwasser einige Minuten blanchieren. Abgießen, kalt abschrecken und abtropfen lassen.

2 Die Lauchwürfel in einem Topf in 2 EL Butter bei schwacher Hitze etwa 5 Minuten dünsten. Die Milch dazugießen und den Lauch zugedeckt etwa 5 Minuten garen. Mit dem Stabmixer pürieren und die noch heißen Kartoffeln durch die Kartoffelpresse dazudrücken, untermischen.

3 Mit der restlichen Butter zu einem Püree aufschlagen, mit Salz und Muskatnuss würzen. Den blanchierten Lauch dazugeben und nochmals kurz erwärmen.

4 Die Schwertfischsteaks waschen, trocken tupfen und mit dem Olivenöl bestreichen. Auf dem heißen Grill auf jeder Seite 2 Minuten grillen. Die Zitrone heiß waschen, in Spalten schneiden, auf den Grill legen und kurz erhitzen. Die Schwertfischsteaks mit Pfeffer würzen und mit Püree und Zitrone servieren.

# Seeteufel-Rosmarin-Spieß
## auf Kräutersalat

## ZUTATEN FÜR 4 PERSONEN

Für die Spieße

800 g Seeteufelfilet
(ohne Haut)

2 Bund Rosmarin

2 rote Chilischoten

2 Knoblauchzehen

6 EL Olivenöl

abgeriebene Schale von
2 Bio-Zitronen

Salz · Pfeffer aus der Mühle

1 Baguette

Öl für die Folie

Für den Salat

1 Kopf Romanasalat

1 rote Paprikaschote

1 rote Zwiebel

1 Tomate

½ Salatgurke

1 Bund Salatkräuter (Kresse,
Schnittlauch, Sauerampfer)

1 TL scharfer Senf

1–2 EL Weißweinessig

3–4 EL Olivenöl

## ZUBEREITUNG // 🕐 35 min

1 Den Grill anheizen. Für die Spieße den Fisch waschen, trocken tupfen und in 3 cm große Stücke schneiden. Den Rosmarin waschen, trocken schütteln und die Nadeln abzupfen, die harten Zweige beiseitelegen. Den Fisch mit den Rosmarinnadeln spicken. Die Chilischoten längs halbieren, entkernen, waschen und fein hacken. 1 Knoblauchzehe schälen und fein hacken. Die Chilischoten mit 3 EL Olivenöl, der Zitronenschale und dem Knoblauch verrühren, mit Salz und Pfeffer würzen. Den Fisch mit der Sauce marinieren.

2 Das Baguette in 3 cm große Würfel schneiden. Den übrigen Knoblauch schälen. Die Brotwürfel mit dem restlichen Olivenöl bestreichen und in einer Alu-Grillschale mit dem Knoblauch auf dem heißen Grill rundum goldbraun rösten.

3 Für den Salat den Romanasalat in Blätter zerteilen, waschen und trocken schleudern. Die Paprika längs halbieren, entkernen und waschen. Die Zwiebel schälen. Die Tomate waschen, vierteln und entkernen, dabei den Stielansatz entfernen. Die Gurke schälen, der Länge nach halbieren und mit einem Teelöffel die Kerne entfernen. Die Kräuter waschen und trocken schütteln. Alle vorbereiteten Salatzutaten auf ein Brett geben und fein hacken. Senf, Essig und Olivenöl zu einer Vinaigrette verrühren. Die Salatzutaten mit der Vinaigrette beträufeln und mischen.

4 Einen großen Bogen Alufolie doppelt falten, mit Öl bestreichen und die Fischstücke darauflegen. Die Alufolie fest zu einem Päckchen verschließen und den Fisch auf dem heißen Grill 7 bis 8 Minuten grillen. Das Päckchen öffnen und die Weißbrotwürfel und die Fischstücke abwechselnd auf die Rosmarinzweige stecken. Den Salat auf vier Teller verteilen und je 1 Spieß darauf anrichten.

# Gegrillte Makrele
## mit Gurken-Birnen-Salat

### ZUTATEN FÜR 4 PERSONEN

4 Makrelen (à ca. 375 g;
küchenfertig)
12 Holzspieße
2 EL brauner Zucker
4 EL helle Sojasauce
3 EL Limettensaft
Öl für den Grillrost
3 Mini-Salatgurken
1 Birne
2 TL Fischsauce
2 EL Sesamöl
Salz
1 rote Chilischote
1 TL Szechuanpfeffer
einige Limettenscheiben
zum Garnieren

### ZUBEREITUNG // ⏱ 25 min // 💧 30 min

1 Den Grill anheizen. Für die Fische 12 Holzspieße 30 Minuten in kaltem Wasser einweichen. Die Makrelen waschen und trocken tupfen. Für die Marinade 1 EL Zucker mit der Sojasauce und 1 EL Limettensaft verrühren. Die Fische im Abstand von 1 cm auf beiden Seiten etwas einschneiden und rundum mit der Marinade bestreichen.

2 Den Grillrost einölen. Jeden Fisch quer auf drei Holzspieße spießen, auf den Rost legen und auf dem heißen Grill unter gelegentlichem Wenden über direkter Hitze etwa 15 Minuten grillen.

3 Für den Salat die Mini-Salatgurken waschen, die Enden abschneiden und mit dem Sparschäler oder auf dem Gemüsehobel jeweils längs in feine Scheiben schneiden oder hobeln. Die Birne waschen, vierteln, entkernen und in feine Spalten schneiden. Die Fischsauce in einer Schüssel mit dem übrigen Limettensaft, Sesamöl und restlichem Zucker verrühren und mit Salz würzen. Gurke und Birne untermischen und den Salat nach Belieben abschmecken.

4 Die Chilischote längs halbieren, entkernen, waschen und in feine Streifen schneiden. Den Szechuanpfeffer im Mörser zerstoßen. Die Makrelen mit den Limettenscheiben auf Tellern anrichten, mit den Chilistreifen und dem Szechuanpfeffer bestreuen und servieren.

---

**TIPP** *Würzen Sie die Fische zur Abwechslung einmal mit einer Mischung aus gemahlenem Kümmel, abgeriebener Zitronenschale, Salz, gehackter Petersilie und Knoblauch. Die Zutaten im Mörser fein zerreiben.*

# Sardinen vom Grill
## mit Gewürzöl

**ZUBEREITUNG //** 🕐 20 min

**1** Den Grill anheizen. Die Sardinen, falls nötig, entgräten und (nach Belieben) die Köpfe abschneiden. Die Fische waschen, trocken tupfen, mit 1 bis 2 EL Olivenöl einreiben und innen und außen mit etwas Meersalz würzen. Auf dem heißen Grill 3 bis 4 Minuten grillen, dabei mehrmals wenden.

**2** Den Knoblauch schälen, in feine Würfel schneiden und unter das restliche Olivenöl rühren. Die Petersilie waschen, trocken schütteln, die Blätter abzupfen und fein hacken.

**3** Die Zitrone heiß waschen, trocken reiben und vierteln. Ein Viertel auspressen und den Saft mit der Petersilie zum Knoblauchöl geben. Mit Salz und Pfeffer würzen.

**4** Die gegrillten Sardinen mit dem Gewürzöl beträufeln und die Fische mit den Zitronenspalten auf einer Platte anrichten. Als Beilage passt frisches Weißbrot dazu.

### ZUTATEN FÜR 4 PERSONEN

16–20 kleine frische Sardinen
5–6 EL Olivenöl
grobes Meersalz
1 Knoblauchzehe
½ Handvoll Petersilie
1 Bio-Zitrone
Salz · Pfeffer aus der Mühle

## ZUTATEN FÜR 4 PERSONEN

3 Knoblauchzehen
2 EL gehackte Petersilie
2 EL Pinienkerne
1 EL Kapern
1 EL Rosinen
100 ml Olivenöl
Salz · Pfeffer aus der Mühle
8 Sardinen (küchenfertig; à ca. 180 g)
1 Bio-Zitrone
300 g junger Mangold
1 EL Butter

# Sardinen
## auf Mangoldgemüse

ZUBEREITUNG // ⏱ 30 min // ❄ 1 h

1 Den Knoblauch schälen, 2 Zehen grob hacken
und mit der Petersilie, 1 EL Pinienkernen,
Kapern, Rosinen und Olivenöl mit dem Stabmixer pürieren. Mit Salz und Pfeffer würzen.

2 Sardinen waschen, trocken tupfen und mit
der Marinade beträufeln. Die Zitrone heiß
waschen, trocken reiben, in dünne Scheiben
schneiden und auf die Fische legen. 1 Stunde
kühl stellen.

3 Den Grill anheizen. Den Mangold putzen,
waschen und die Blätter in Streifen schneiden.

4 Die Sardinen aus der Marinade nehmen und
mitsamt Zitronenscheiben auf dem heißen
Grill über indirekter Hitze 3 bis 4 Minuten
grillen. Dabei wenden und öfter etwas übrige
Marinade auf die Fische träufeln.

5 Die Butter in einer Pfanne erhitzen, den restlichen Knoblauch dazupressen und mit den
übrigen Pinienkernen darin bei mittlerer Hitze
andünsten. Den Mangold hinzufügen und
etwa 3 Minuten dünsten, mit Salz und Pfeffer
würzen. Die Sardinen mit den Zitronenscheiben auf dem Mangoldgemüse anrichten.

# Thunfischspieße
## mit Cocktailtomaten und Lorbeer

**ZUTATEN FÜR 4 PERSONEN**

8 Holzspieße
4 Thunfischsteaks (à 150 g)
16 Cocktailtomaten
16 frische Lorbeerblätter
2–3 EL Olivenöl
1 TL Kräutersalz
Pfeffer aus der Mühle
Chiliflocken

**ZUBEREITUNG //** 🕐 20 min // 💧 30 min

1 Den Grill anheizen. Die Holzspieße in kaltem Wasser 30 Minuten einweichen. Die Thunfischsteaks waschen, trocken tupfen und in 2 cm große Würfel schneiden. Die Cocktailtomaten und die Lorbeerblätter waschen und trocken tupfen.

2 Die Fischwürfel im Wechsel mit den Cocktailtomaten und den Lorbeerblättern auf die eingeweichten Holzspieße stecken. Auf jedem Spieß sollten 3 Fischstücke und je 2 Tomaten und 2 Lorbeerblätter stecken.

3 Für die Marinade das Olivenöl mit dem Kräutersalz verrühren und mit Pfeffer und 1 Prise Chiliflocken würzen. Die Thunfischspieße rundum mit dem Kräuteröl bestreichen und auf dem heißen Grill etwa 3 Minuten garen.

4 Die Grillspieße auf Tellern anrichten und servieren. Dazu harmoniert perfekt ein frischer Blatt- oder Gemüsesalat.

TIPP *Für dieses Rezept eignen sich alle Fischsorten mit festem Fleisch, wie beispielsweise auch Schwertfisch oder Seeteufel. Beim Fischkauf sollten Sie immer auf das MSC-Siegel für nachhaltigen Fischfang achten.*

# Gegrillter Oktopus

## mit Limettenbutter

### ZUTATEN FÜR 4 PERSONEN

1 großer Oktopus
(ca. 800 g; küchenfertig)
Salz
4 EL weiche Butter
Saft und abgeriebene Schale
von ½ Bio-Limette
Pfeffer aus der Mühle
2 Möhren
4 Knoblauchzehen
1 EL Olivenöl
15 grüne Oliven
Öl für den Grillrost
12 Scheiben Baguette

### ZUBEREITUNG // 🕐 35 min // 🍳 1 h // ⏳ 4 h

1 Den Oktopus waschen und in einem Topf knapp mit Salzwasser bedecken. Aufkochen und bei schwacher Hitze etwa 1 Stunde köcheln lassen. Im Sud etwa 4 Stunden abkühlen lassen.

2 Die Butter mit Limettensaft und -schale verrühren, mit Salz und Pfeffer würzen. Möhren und Knoblauch schälen, Möhren in feine Streifen schneiden. 1 Knoblauchzehe durchpressen, mit dem Olivenöl verrühren und die Oliven darin mindestens 30 Minuten marinieren.

3 Den Grill anheizen. Den Oktopus aus dem Sud nehmen und abtropfen lassen. Die Fangarme abtrennen und in mundgerechte Stücke schneiden, den Körper in Ringe schneiden. Den Grillrost einölen und die Oktopusstücke auf dem heißen Grill über indirekter Hitze rundum etwa 10 Minuten hellbraun grillen. Das Baguette auf dem Grill mitrösten. Die übrige Knoblauchzehe halbieren und das Brot damit einreiben. Den Oktopus mit Oliven und Brotscheiben anrichten, etwas Limettenbutter darauf schmelzen lassen. Mit Möhrenstreifen garnieren.

# Tintenfischtuben
## mit Riesengarnelen-Feta-Füllung

### ZUTATEN FÜR 4 PERSONEN

12 Tintenfischtuben (küchenfertig)
150 g Riesengarnelen
(vorgegart und geschält)
50 g schwarze Oliven (ohne Stein)
200 g Feta (Schafskäse)
1 TL gehackter Thymian
2–3 EL Semmelbrösel
ca. 3 EL Olivenöl
Salz · Pfeffer aus der Mühle
Chiliflocken
Zitronenspalten zum Garnieren

### ZUBEREITUNG // 🕐 25 min

1 Den Grill anheizen. Die Tintenfischtuben innen und außen waschen und trocken tupfen. Für die Füllung die Garnelen waschen, trocken tupfen und mit den Oliven im Blitzhacker fein hacken.

2 Den Fetakäse mit der Gabel in einer Schüssel zerbröckeln und mit den Garnelen, Thymian, Semmelbröseln und 2 EL Olivenöl mischen. Die Füllung mit Salz, Pfeffer und einigen Chiliflocken würzen.

3 Die Garnelen-Feta-Masse in die Tintenfischtuben füllen und die Tubenöffnungen mit Holzspießchen verschließen.

4 Die Tintenfischtuben mit dem restlichen Olivenöl bestreichen und über direkter Hitze rundum etwa 5 Minuten grillen. Mit Salz und Pfeffer würzen. Mit den Zitronenspalten anrichten und servieren.

# Rotbarsch
## mit Kräutern und Zitrusglasur

### ZUTATEN FÜR 4 PERSONEN

4 Rotbarsche (à ca. 250 g;
küchenfertig; alternativ Doraden
oder kleine Red Snapper)
Salz · Pfeffer aus der Mühle
6 Stiele Basilikum
4 Zweige Rosmarin
Küchengarn
2 Knoblauchzehen
1 haselnussgroßes
Stück Ingwer
100 g Zitronenmarmelade
2 EL Olivenöl

### ZUBEREITUNG // 🕐 25 min

1 Den Grill anheizen. Die Fische innen und außen waschen, trocken tupfen und mit Salz und Pfeffer würzen. Die Kräuter waschen, trocken schütteln (2 Stiele Basilikum beiseitelegen) und die Bauchhöhlen der Fische damit füllen. Die Rotbarsche fest mit Küchengarn umwickeln, damit das zarte Fleisch beim Grillen nicht auseinanderfällt.

2 Den Knoblauch und den Ingwer schälen und beides in feine Würfel schneiden. In einer Schüssel mit der Zitronenmarmelade glatt verrühren.

3 Eine Alu-Grillschale mit etwas Olivenöl bestreichen, die Rotbarsche hineinlegen, mit den restlichen Basilikumstielen belegen und mit dem übrigen Olivenöl beträufeln. Mit der Zitronenmischung bestreichen und etwa 15 Minuten mit geschlossenem Deckel grillen, dabei einmal wenden. Mit frischem Stangenweißbrot servieren.

TIPP *Dazu geschmorter Chicorée: 4 Chicorée vierteln und die Strünke herausschneiden. Den Chicorée mit Salz und Pfeffer würzen und mit Olivenöl beträufeln. Jedes Viertel mit 1 halbierten Parmaschinkenscheibe umwickeln und 3 bis 4 Minuten grillen.*

# GEMÜSE, KÄSE & CO.

# Grüner Spargel
## mit Knoblauch und Parmesan

**ZUTATEN FÜR 4 PERSONEN**

8–10 Knoblauchzehen
1½ kg grüner Spargel
½ Handvoll Basilikum
9 Zweige Thymian
2–3 EL Zitronensaft
50 ml Olivenöl
Salz · Pfeffer aus der Mühle
gehobelter Parmesan
zum Garnieren

**ZUBEREITUNG //** 🕐 25 min

1  Den Grill anheizen. Den Knoblauch schälen. Den Spargel waschen, im unteren Drittel schälen und die holzigen Enden abschneiden.

2  Das Basilikum und den Thymian waschen und trocken schütteln. Die Basilikumblätter abzupfen und grob hacken. Vier Thymianzweige zum Garnieren beiseitelegen, vom restlichen Thymian die Blättchen abzupfen.

3  Den Zitronensaft mit dem Olivenöl und den Kräutern zu einer Marinade verrühren und mit Salz und Pfeffer würzen.

4  Den Spargel und den Knoblauch in einer Alu-Grillschale verteilen und auf dem heißen Grill etwa 8 Minuten unter Wenden garen. Dabei mehrmals mit der Marinade bestreichen.

5  Den grünen Spargel mit dem Knoblauch auf Platten anrichten, mit der restlichen Marinade beträufeln und mit den Parmesanhobeln bestreut servieren.

**TIPP**  *Dazu passen gegrillte Feigen: Die Feigen halbieren, mit etwas Apfelessig und Honig beträufeln und auf dem Grill 3 Minuten garen. Außerdem geröstetes, mit Kräuteröl bestrichenes Weißbrot dazu reichen.*

# Grillgemüse
## klassisch mariniert

**ZUBEREITUNG** // 🕐 25 min // 💧 1 h

1 Die Aubergine und die Zucchini putzen und waschen, die Aubergine quer, die Zucchini längs in ½ cm dicke Scheiben schneiden. Gemüsescheiben salzen und etwa 10 Minuten Wasser ziehen lassen. Trocken tupfen.

2 Die Paprikaschoten längs vierteln, entkernen waschen. Den Knoblauch schälen, längs halbieren und mit dem Zitronensaft und dem Olivenöl in eine Schüssel geben. Das Gemüse untermischen und zugedeckt im Kühlschrank etwa 1 Stunde ziehen lassen.

3 Den Grill anheizen. Das Gemüse aus der Marinade nehmen, mit Salz und Pfeffer würzen und auf dem heißen Grill 8 bis 10 Minuten grillen, dabei mehrmals wenden und zwischendurch mit der Marinade bestreichen.

4 Das Grillgemüse auf einer Platte anrichten, mit der restlichen Marinade beträufeln und mit Petersilie bestreut warm servieren. Alternativ abkühlen lassen, kalt genießen und mit Parmesan, Parmaschinken oder Bresaola servieren.

### ZUTATEN FÜR 4 PERSONEN

1 Aubergine
2 Zucchini
Salz
je 2 rote und gelbe
Paprikaschoten
4 Knoblauchzehen
2 EL Zitronensaft
4 EL Olivenöl
Pfeffer aus der Mühle
1 EL gehackte Petersilie

ZUTATEN FÜR 4 PERSONEN

4 Radicchio di Treviso
4–5 EL Olivenöl
1 EL Honig
Salz
Pfeffer aus der Mühle
½ Zitrone

# Radicchio di Treviso
## mit Olivenöl und Zitrone

ZUBEREITUNG // ⏱ 20 min

1 Den Grill anheizen. Vom Radicchio die äuße-ren welken Blätter entfernen. Den Radicchio putzen und waschen und längs halbieren, so-dass die Blätter am Strunk noch zusammen-halten.

2 Den Radicchio in eine Alu-Grillschale legen, mit etwas Olivenöl und dem Honig beträu-feln, mit Salz und Pfeffer würzen und auf dem heißen Grill etwa 10 Minuten grillen, dabei mehrmals wenden.

3 Die Zitrone auspressen. Die Radicchiohälften auf einer Platte anrichten und mit dem Zitro-nensaft und dem restlichen Olivenöl beträu-feln. Nochmals mit Salz und Pfeffer würzen und heiß oder lauwarm nach Belieben mit Zi-tronenspalten garniert servieren.

4 Variante: 2 geschälte und in Spalten geschnit-tene Birnen mitgrillen, mit dem Radicchio an-richten und mit 100 g Gorgonzolastückchen bestreuen.

# Tofu-Gemüse-Spieße
## auf Asia-Art

**ZUTATEN FÜR 4 PERSONEN**

16 Holzspieße
400 g Tofu
1 Zucchino
16 braune Champignons
16 Cocktailtomaten
1 haselnussgroßes Stück
Ingwer
1 Knoblauchzehe
3 EL Sojasauce
3 EL Sesamöl
Salz · Sichuanpfeffer
Zucker
gemahlener Koriander
gemahlener Kreuzkümmel

**ZUBEREITUNG** // ⏱ 20 min // 💧 1 h

1 Die Holzspieße in kaltem Wasser 30 Minuten einweichen. Den Tofu in 16 etwa gleich große Würfel schneiden. Den Zucchino putzen, waschen und in 16 Scheiben schneiden. Die Champignons putzen und, falls nötig, trocken abreiben. Cocktailtomaten waschen und trocken reiben.

2 Auf einen Holzspieß abwechselnd je 1 Tomate, 1 Stück Tofu, 1 Zucchinischeibe und 1 Champignon stecken. Die Spieße in eine Alu-Grillschale legen.

3 Den Ingwer und den Knoblauch schälen und in feine Würfel schneiden. Mit der Sojasauce und dem Sesamöl verrühren und mit Salz, Sichuanpfeffer und jeweils 1 Prise Zucker, Koriander und Kreuzkümmel würzen. Die Spieße mit dem Gewürzöl bestreichen. Zugedeckt im Kühlschrank 30 Minuten marinieren.

4 Den Grill anheizen. Die Spieße aus der Marinade nehmen und abtropfen lassen. Auf dem heißen Grill rundum 8 bis 10 Minuten grillen. Als Beilage eignet sich z.B. Duftreis.

TIPP *Reichen Sie dazu etwas Sojasauce mit hellen Sesamsamen als Dip. Neben anderen wertvollen Mineralstoffen enthält Sesam viel immunstärkendes Selen.*

# Portobellos
## mit Kürbis und Ricotta

ZUTATEN FÜR 4 PERSONEN

600 g Kürbis
(z. B. Butternuss oder Hokkaido)
1 Zucchino
4 große Portobellos
(Riesenchampignons)
4 EL Olivenöl
Salz · Pfeffer aus der Mühle
200 g Ricotta
20 g geriebener Parmesan
2 EL gehackte Kräuter
(z. B. Petersilie und Basilikum)
2 Tomaten
2 EL Aceto balsamico

**ZUBEREITUNG //** 🕐 25 min

1 Den Grill anheizen. Kürbis halbieren, entkernen, schälen, das Kürbisfruchtfleisch in ½ cm dicke Scheiben schneiden und in einem Topf in kochendem Wasser 5 Minuten blanchieren. Herausheben und abtropfen lassen. Zucchino putzen, waschen, schräg in 1 cm dicke Scheiben schneiden. Pilze putzen und die Stiele herausdrehen.

2 Die Pilze mit Kürbis- und Zucchinischeiben in eine Alu-Grillschale legen, mit 2 EL Olivenöl beträufeln, salzen, pfeffern. Auf dem heißen Grill etwa 10 Minuten grillen, dabei wenden.

3 Den Ricotta in einer Schüssel mit dem Parmesan verrühren. Die Kräuter hinzufügen und mit Salz und Pfeffer würzen. Die Tomaten waschen, vierteln und die Stielansätze entfernen. Die Tomatenviertel in grobe Würfel schneiden. Den Essig und das restliche Olivenöl verrühren.

4 Die Zucchini- und Kürbisscheiben auf vier Teller verteilen. Jeweils 1 Portobello daraufsetzen und mit der Ricotta-Mischung füllen. Mit der Essig-Öl-Mischung beträufeln und servieren.

# Kürbisspalten
## und Maiskolben mit Chilimarinade

### ZUTATEN FÜR 4 PERSONEN

4 Maiskolben

Salz

1 mittelgroßer Hokkaidokürbis

2 rote Chilischoten

2–3 Knoblauchzehen

4 Stiele Thymian

1 EL Ahornsirup

4–5 EL Olivenöl

Pfeffer aus der Mühle

### ZUBEREITUNG // 🕐 35 min

1 Den Grill anheizen. Die Maiskolben putzen, waschen und in reichlich kochendem Salzwasser etwa 10 Minuten vorgaren. In ein Sieb abgießen und abtropfen lassen. Den Kürbis gründlich waschen, vierteln und entkernen. Die Kürbisviertel in 2 bis 3 cm dicke Spalten schneiden.

2 Die Chilischoten putzen, waschen und in feine Ringe schneiden. Den Knoblauch schälen und in feine Scheiben schneiden. Thymian waschen und trocken tupfen, 2 Stiele beiseitelegen. Vom restlichen Thymian die Blättchen abzupfen.

3 Olivenöl, Chiliringe, Knoblauch, Thymian, Ahornsirup, Salz und Pfeffer zu einer Marinade verrühren. Kürbisspalten und Maiskolben auf Alu-Grillschalen verteilen und mit der Marinade bestreichen. Auf dem heißen Grill unter mehrmaligem Wenden etwa 20 Minuten garen, dabei immer wieder mit der restlichen Marinade bestreichen. Die Kürbisspalten und die Maiskolben mit Thymian garniert servieren.

# Grillgemüse im Fladenbrot
## mit mariniertem Mozzarella

### ZUTATEN FÜR 4 PERSONEN

je 1 rote und gelbe
Paprikaschote
1 Zucchino
1 rote Zwiebel
4 EL Olivenöl
1 EL getrockneter Thymian
Salz · Pfeffer aus der Mühle
2 Tomaten
200 g Mini-Mozzarella
1 EL Kapern
1 Handvoll Kapernäpfel
1–2 EL Zitronensaft
4 Romanasalatblätter
1 großes Fladenbrot

### ZUBEREITUNG // 🕐 25 min

1 Den Grill anheizen. Die Paprikaschoten längs halbieren, entkernen und waschen. Die Hälften in Streifen schneiden. Den Zucchino putzen, waschen und schräg in Scheiben schneiden. Die Zwiebel schälen, halbieren und in Streifen schneiden.

2 Das Gemüse mit 2 EL Olivenöl, dem Thymian, Salz und Pfeffer in einer Schüssel mischen und anschließend in einer Alu-Grillschale auf dem heißen Grill etwa 10 Minuten grillen, dabei ab und zu wenden.

3 Die Tomaten waschen und in Spalten schneiden, dabei die Stielansätze entfernen. Die Mozzarellakugeln mit den Kapern, den Kapernäpfeln, dem restlichem Olivenöl, dem Zitronensaft, Salz und Pfeffer marinieren. Den Romanasalat waschen, trocken schütteln und in Stücke zupfen.

4 Das Fladenbrot kurz auf dem Grill aufbacken und vierteln. In jedes Viertel eine Tasche schneiden und den Romanasalat hineingeben. Das Gemüse vom Grill nehmen, mit dem marinierten Mozzarella mischen, abschmecken, in die Brotviertel füllen und servieren. Alternativ schmecken die Fladenbrotecken auch mit einer Pilz-Scamorza-Füllung sehr gut (siehe Tipp). Diese Füllung dann mit Tomatenscheiben und einigen Salatblättern in die Fladenbrotecken füllen.

TIPP *Für eine Pilzfüllung 600 g gemischte, klein geschnittene Pilze mit Olivenöl, 1 EL Rosmarin in der Alu-Grillschale 6 bis 8 Minuten grillen. Mit Salz und Pfeffer würzen und 200 g Scamorzascheiben darauf schmelzen lassen.*

# Zucchini-Feta-Röllchen
## mit getrockneten Tomaten

### ZUTATEN FÜR 4 PERSONEN

2 Zucchini
400 g Feta (Schafskäse)
150 g getrocknete Tomaten (in Öl)
2 Handvoll Rucola
Salz · Pfeffer aus der Mühle
Holzspießchen
4 EL Aceto balsamico

### ZUBEREITUNG // 🕐 25 min

1 Den Grill anheizen. Die Zucchini putzen, waschen und der Länge nach in sehr dünne Scheiben schneiden. Den Feta in etwa 1 cm dicke Stifte schneiden. Die Tomaten abgießen und dabei das Tomatenöl auffangen. Den Rucola verlesen, waschen und trocken schleudern, grobe Stiele entfernen.

2 Die Zucchinischeiben mit Salz und Pfeffer würzen. Auf jeweils 1 Scheibe an das untere Ende 1 Stück Feta legen, darauf 1 getrocknete Tomate und einige Blätter Rucola.

3 Die Zucchinischeiben jeweils vom unteren Ende her aufrollen und die Röllchen mit Holzspießchen fixieren.

4 Die Zucchini-Feta-Röllchen mit etwas Tomaten-öl beträufeln und auf dem heißen Grill rundum 5 bis 7 Minuten grillen. Auf Tellern anrichten, mit etwas Essig beträufeln und servieren.

# Buntes Grillgemüse
## mit Schafskäse und Minze

### ZUTATEN FÜR 4 PERSONEN

400 g junge Möhren (mit Grün)
Salz
1 Zucchino
1 Aubergine
je 1 rote und gelbe Paprikaschote
1 Knoblauchzehe
4 EL Olivenöl
Pfeffer aus der Mühle
½ Handvoll Minze
2–3 EL Aceto balsamico
100 g Feta (Schafskäse)

### ZUBEREITUNG // 🕐 25 min

1 Den Grill anheizen. Die Möhren putzen und schälen, dabei etwas Grün stehen lassen. In kochendem Salzwasser etwa 3 Minuten bissfest blanchieren. Die Möhren abgießen, kalt abschrecken und abtropfen lassen.

2 Den Zucchino und die Aubergine putzen, waschen und leicht schräg in 1 cm dicke Scheiben schneiden. Die Paprikaschoten längs halbieren, entkernen, waschen und in breite Streifen schneiden. Den Knoblauch schälen, in feine Würfel schneiden und mit dem Olivenöl verrühren, mit Salz und Pfeffer würzen. Die Minze waschen und trocken schütteln, die Blätter abzupfen und grob hacken.

3 Das Gemüse in eine Alu-Grillschale legen, mit dem Knoblauchöl begießen und auf dem heißen Grill unter Wenden 8 bis 10 Minuten grillen. Die Zucchinistücke bereits nach 5 Minuten vom Grill nehmen.

4 Das Gemüse auf einer Platte anrichten und mit Essig beträufeln. Den Feta darüberkrümeln und mit der Minze garnieren.

# Halloumi

## mit Tomaten und Rucola

### ZUTATEN FÜR 4 PERSONEN

150 g Rucola
2 EL Zitronensaft
4–5 EL Olivenöl
1 TL Honig
1 EL gehackte Petersilie
grobes Meersalz
Pfeffer aus der Mühle
400 g Halloumi (Grillkäse)
150 g Cocktailtomaten
2–3 EL Aceto balsamico

### ZUBEREITUNG // 🕐 20 min

1 Den Grill anheizen. Den Rucola verlesen, waschen und trocken schütteln, grobe Stiele entfernen. Den Zitronensaft, das Olivenöl, den Honig und die Petersilie zu einer Marinade verrühren und mit Salz und Pfeffer würzen

2 Den Halloumi in 8 gleich große Scheiben schneiden und auf dem heißen Grill auf jeder Seite 4 bis 6 Minuten hellbraun grillen. Die Cocktailtomaten waschen, halbieren, mit den Schnittflächen nach unten in eine Alu-Grillschale legen und auf dem heißen Grill 3 Minuten grillen.

3 Jeweils 2 Halloumi-Scheiben mit einigen gegrillten Tomaten anrichten und mit dem Dressing beträufeln. Den Rucola mit dem Essig verfeinern und dazu servieren.

4 Für Halloumispieße 1 kleine Aubergine und 1 rote Paprikaschote putzen, waschen und in Würfel schneiden. 100 g weiße Champignons putzen und, falls nötig, trocken abreiben. 200 g Halloumi in Würfel schneiden und abwechselnd mit den Gemüsewürfelmn auf gewässerte Holzspieße stecken. Auf dem heißen Grill rundum etwa 10 Minuten grillen.

---

TIPP  *Der halbfeste Halloumi-Käse stammt aus Zypern und wird aus Kuh-, Schafs- und Ziegenmilch hergestellt. Sie bekommen ihn in gut sortierten Supermärkten oder beim Käsehändler.*

# Linsenburger

## mit Curry im Pitabrot

**ZUBEREITUNG //** 🕐 35 min

1   Den Grill anheizen. Die Zwiebel, den Knoblauch und den Ingwer schälen und in feine Würfel schneiden. In einem großen Topf in 1 EL Öl andünsten und mit ½ l Wasser ablöschen. Die Linsen waschen, dazugeben und bei mittlerer Hitze 10 bis 15 Minuten köcheln lassen. Überschüssiges Wasser abgießen und die Linsen fein pürieren.

2   Das Ei unter das Linsenpüree mischen und mit 1 Prise Kreuzkümmel, Currypulver, Salz, Pfeffer, Zitronensaft und dem Koriander würzen. So viel Weißbrotbrösel unter die Masse kneten, dass ein gut formbarer Teig entsteht. Aus dem Teig mit angefeuchteten Händen 8 große flache Bratlinge formen und in den restlichen Semmelbröseln wenden. Die Bratlinge mit Öl bestreichen und auf dem heißen Grill auf jeder Seite je 5 Minuten grillen.

3   Die Pitabrote auf einer Seite aufschneiden und ebenfalls 1 bis 2 Minuten grillen. Die Tomaten waschen und in Scheiben schneiden. Je 1 Bratling mit 2 Tomatenscheiben in 1 Pitabrot legen und mit je 1 EL Joghurt beträufeln. Auf Salat servieren.

## ZUTATEN FÜR 8 BURGER

1 Zwiebel
2 Knoblauchzehen
1 walnussgroßes Stück Ingwer
5–6 EL Rapsöl
250 g rote Linsen
1 Ei
gemahlener Kreuzkümmel
1–2 TL Currypulver
Salz · Pfeffer aus der Mühle
1 EL Zitronensaft
2 EL fein gehackter Koriander
ca. 2 EL Weißbrotbrösel
8 Pitabrote
2 Tomaten
8 EL Naturjoghurt
Salatblätter zum Garnieren

### ZUTATEN FÜR 4 BURGER

Salz · 100 g Bulgur
250 g Kichererbsen (aus der Dose)
1 rote Chilischote
2 Knoblauchzehen
2–3 EL Weißbrotbrösel
1 Ei
2 EL frisch gehackter Koriander
Pfeffer aus der Mühle
gemahlener Kreuzkümmel
2–3 EL Öl
100 g gemischter Blattsalat
(z. B. Rucola und Endivie)
8 Cocktailtomaten
1 kleine rote Zwiebel
4 Burgerbrötchen

# Kichererbsen-Burger
## mit Chili und Koriander

ZUBEREITUNG // 🕐 35 min

1   Den Grill anheizen. In einem Topf 150 ml
Salzwasser zum Kochen bringen. Vom Herd
nehmen, den Bulgur unterrühren und 15 Minuten quellen lassen. Die Kichererbsen in
einem Sieb abbrausen und abtropfen lassen.

2   Die Chilischote längs halbieren, entkernen,
waschen und grob hacken. Den Knoblauch
schälen und mit der Chilischote und den Kichererbsen unter den Bulgur mischen. Alles
fein pürieren. Mit Bröseln, Ei und Koriander
zu einem gut formbaren Teig verkneten. Mit
Salz, Pfeffer und etwas Kreuzkümmel würzen.

Aus der Masse mit angefeuchteten Händen
4 große Bratlinge formen, diese mit Öl bestreichen und auf dem heißen Grill auf jeder
Seite 5 bis 6 Minuten goldbraun grillen.

3   Den Salat putzen, waschen, trocken schleudern und klein zupfen. Die Cocktailtomaten
waschen und halbieren. Die Zwiebel schälen
und in feine Ringe schneiden. Brötchen halbieren und auf dem Grill rösten. Die unteren
Hälften mit Salat, je 1 Bratling, je 4 halben
Cocktailtomaten und einigen Zwiebelringen
belegen. Obere Hälften daraufsetzen.

# Mein Lieblingsrezept für...
## Gemüse vom Grill

### BOHNEN-KRÄUTERBURGER MIT ZWIEBELMARMELADE

🕐 35 min // Für 4 Personen

**1** 400 g fein gehackte Champignons in 1 EL Öl 2 bis 3 Minuten braten. 2 EL gehackte gemischte Kräuter unterrühren. Beiseitestellen.

**2** Je 200 g Kichererbsen und Kidneybohnen (aus der Dose) waschen. Mit den Pilzen, 1 Knoblauchzehe, 3 EL Hefe- und 5 EL Haferflocken pürieren.

**3** Die Masse mit Salz, Pfeffer und Chiliflocken würzen. Mit leicht geölten Händen 8 gleich große, etwa 1½ cm dicke Frikadellen formen.

**4** 4 rote Zwiebeln schälen, in Streifen schneiden und in 1 EL Öl 4 Minuten andünsten. Mit je 100 ml Rotwein und Sauerkirschsaft einkochen lassen.

**5** Die Zwiebelmarmelade warm halten. Die Burger leicht einölen und auf dem Grill auf jeder Seite 4 bis 5 Minuten grillen. Die Brötchen halbieren und auf dem Grill kurz anrösten. Die unteren Hälften mit je 1 Burger belegen und nach Belieben mit Avocado, Salat, Tomaten, Hummus und Ketchup servieren.

# Mais-Tortillas
## mit Grillgemüse und Feta

ZUTATEN FÜR 4–6 PERSONEN

Für den Teig

je 100 g Maismehl
und Weizenmehl

1 TL Salz

Mehl für die Arbeitsfläche

Für das Gemüse

1½ kg gemischtes Gemüse
(z.B. Möhren, Zucchini,
Auberginen, Paprikaschoten,
Staudensellerie, Knoblauch)

3 Zweige Rosmarin

3 EL Olivenöl

2 EL Zitronensaft

3 EL Gemüsebrühe

Salz · Pfeffer aus der Mühle

1 Knoblauchzehe

150 g Feta (Schafskäse)

## ZUBEREITUNG // 🕐 40 min

1 Für den Teig beide Mehlsorten, das Salz und etwa 125 ml lauwarmes Wasser zu einem weichen Teig verrühren und zugedeckt etwa 20 Minuten quellen lassen.

2 Den Grill anheizen. Das Gemüse je nach Sorte putzen und waschen oder schälen. Möhren, Zucchini und Auberginen in Scheiben, Paprika und Staudensellerie in Stücke schneiden, Knoblauchzehen ganz lassen.

3 Den Rosmarin waschen, trocken schütteln und die Zweige in kleinere Stücke teilen. Das Gemüse mit dem Rosmarin und 2 EL Olivenöl in einer Schüssel gut mischen.

4 Das restliche Olivenöl mit Zitronensaft und Brühe verrühren und mit Salz und Pfeffer würzen. Den Knoblauch schälen und durch die Knoblauchpresse dazudrücken. Den Fetakäse in Würfel schneiden und untermischen.

5 Aus dem Teig 8 gleich große Kugeln formen und diese auf der bemehlten Arbeitsfläche zu dünnen Fladen von etwa 15 cm Durchmesser ausrollen. In einer beschichteten Pfanne ohne Fett nacheinander auf beiden Seiten etwa 1 Minute backen. Die heißen Tortillas zu Tüten formen.

6 Inzwischen das Gemüse auf Alu-Grillschalen verteilen und auf dem heißen Grill 8 bis 10 Minuten grillen, dabei einmal wenden. Das Grillgemüse mit dem marinierten Feta in die Tortillas füllen und servieren.

TIPP *Wer keine Zeit hat, die Maispfannkuchen selbst zu backen, der kauft sie als Fertigprodukt im gut sortierten Supermarkt. Ersetzen Sie den Schafskäse doch auch einmal durch den würzigeren Ziegenkäse.*

# Folienkartoffeln
## mit Kräuterquark

ZUBEREITUNG // 🕐 45 min

1 Die Kartoffeln mit der Schale gründlich waschen und in Salzwasser etwa 30 Minuten garen. Den Grill anheizen.

2 Den Thymian waschen und trocken tupfen. Die Kartoffeln abgießen und ausdampfen lassen, anschließend kreuzförmig einschneiden. Je 1 Zweig Thymian hineinlegen und die Kartoffeln in Alufolie wickeln. Die Folienkartoffeln auf den heißen Grill an den Rand des Grillrosts legen und etwa 15 Minuten garen, dabei hin und wieder wenden.

3 Für den Kräuterquark den Quark mit der sauren Sahne verrühren und die Kräuter dazugeben, 1 TL Kräuter zum Garnieren beiseitestellen. Den Quark mit Salz und Pfeffer würzen und mit dem Zitronensaft abschmecken.

4 Die fertigen Kartoffelpäckchen öffnen, jeweils 2 bis 3 EL Kräuterquark dazugeben, mit den Kräutern garnieren und noch heiß servieren.

### ZUTATEN FÜR 4 PERSONEN

4 große, vorwiegend
festkochende Kartoffeln
Salz
4 kleine Zweige Thymian
100 g Magerquark
100 g saure Sahne
2–3 EL gemischte, fein gehackte Kräuter
(z.B. Schnittlauch, Petersilie, Basilikum)
Pfeffer aus der Mühle
1 TL Zitronensaft

ZUTATEN FÜR 4 PERSONEN

12 Holzspieße

2 EL Olivenöl

2 EL gehackte Petersilie

Salz · Pfeffer aus der Mühle

24 kleine, festkochende
Kartoffeln (am Vortag gegart)

24 Scheiben Frühstücksspeck

3–4 Zweige Thymian

100 g Naturjoghurt

100 g saure Sahne

1–2 TL geriebener Meerrettich

1–2 Spritzer Zitronensaft

# Kartoffeln im Speckmantel
## mit Meerrettich-Dip

ZUBEREITUNG // 🕐 15 min // 💧 30 min

1 Den Grill anheizen. Die Holzspieße in kaltem Wasser 30 Minuten einweichen.

2 Das Olivenöl mit der Petersilie in einem Schälchen verrühren und mit Salz und Pfeffer würzen. Die Kartoffeln mit dem Petersilienöl bestreichen und mit jeweils 1 Scheibe Speck umwickeln. Je 2 Kartoffeln auf einen Holzspieß stecken. Die Kartoffelspieße in eine Alu-Grillschale legen, den Thymian auf den Spießen verteilen. Auf dem Grill etwa 10 Minuten rundum grillen, bis der Speck knusprig ist.

3 Für den Meerrettich-Dip den Joghurt mit der sauren Sahne und dem Meerrettich verrühren. Den Zitronensaft hinzufügen und mit Salz und Pfeffer würzen.

4 Die Kartoffeln im Speckmantel auf Tellern anrichten, nach Belieben mit den Thymianzweigen garnieren und mit dem Meerrettich-Dip servieren.

# SALATE,
# SAUCEN & DIPS

# Romanasalat
## mit Roquefort und Zwiebelsauce

**ZUTATEN FÜR 4 PERSONEN**

2 Romanasalatherzen
4 EL Olivenöl
Salz · Pfeffer aus der Mühle
1 rote Zwiebel
2 EL Apfelessig
1 EL Zitronensaft
1 EL Honig
60 g Roquefort

**ZUBEREITUNG //** 🕐 20 min

1 Den Grill anheizen. Die Salatherzen putzen, waschen, trocken schütteln und der Länge nach vierteln.

2 Die Salatherzen an den Innenseiten mit insgesamt 1 EL Olivenöl bestreichen und mit Salz und Pfeffer würzen. Auf den Grillrost legen und bei mittlerer Hitze 4 bis 5 Minuten grillen.

3 Die Zwiebel schälen und in feine Ringe schneiden. Das restliche Olivenöl in einer Pfanne erhitzen und die Zwiebelringe darin bei mittlerer Hitze 5 Minuten anbraten. Den Essig mit dem Zitronensaft und dem Honig verrühren. Die Pfanne vom Herd nehmen und die Essigmischung unter die noch heißen Zwiebelringe rühren.

4 Den Roquefort in kleine Würfel schneiden. Jeweils 2 Viertel der Romanaherzen auf einem Teller anrichten, den Käse darüberstreuen und die Zwiebelsauce darüber verteilen. Nach Belieben etwas Pfeffer grob darübermahlen.

---

**TIPP** *Roquefort ist ein französischer Vertreter des Edelschimmelkäses, genauso gut eignet sich sein italienischer Verwandter, der Gorgonzola. Klassisch genießen Sie Roquefort mit einem Glas Süßwein.*

# Fenchel-Zwiebel-Salat
## mit Möhren und Radieschen

### ZUTATEN FÜR 6 PERSONEN

Für den Salat
2 Fenchelknollen
Salz
400 g Möhren
½ Bund Radieschen
2 rote Zwiebeln
je 1 EL grüne und schwarze Oliven
(ohne Stein)
Für das Dressing
1 Orange
1 EL Orangenmarmelade
2 EL Estragon- oder
Weißweinessig
4 EL Olivenöl
Salz · Pfeffer aus der Mühle

### ZUBEREITUNG // 🕐 20 min // 💧 30 min

1 Für den Salat den Fenchel putzen, waschen und das Grün entfernen, den Fenchel auf dem Gemüsehobel in dünne Scheiben schneiden. In einem Topf in kochendem Salzwasser 3 Minuten blanchieren. In ein Sieb abgießen und abtropfen lassen. Die Möhren putzen, schälen und schräg in dünne Scheiben schneiden oder hobeln.

2 Die Radieschen putzen, waschen und in dünne Scheiben schneiden oder hobeln. Die Zwiebeln schälen und in dünne Ringe schneiden. Die Oliven in dünne Scheiben schneiden. Alle Gemüsesorten in einer Schüssel mischen.

3 Für das Dressing die Orange auspressen und den Saft in einer kleinen Schüssel mit der Orangenmarmelade, dem Essig mit dem Schneebesen verrühren. Nach und nach das Olivenöl unterrühren und das Dressing mit Salz und Pfeffer würzen. Über das Gemüse gießen, alles gut mischen und den Salat 30 Minuten ziehen lassen. Vor dem Servieren nach Belieben etwas Pfeffer grob darübermahlen und frisches Baguette dazu reichen.

TIPP    *Verfeinern Sie dieses Rezept doch mal mit Käse! Gewürfelter Fetakäse eignet sich dafür genauso gut wie Ziegenfrischkäse, den Sie in Scheiben schneiden und über dem Salat verteilen.*

# Bunter Salat

## mit Avocado und Champignons

### ZUTATEN FÜR 4 PERSONEN

250 g Romanasalat
1 Radicchio di treviso
1 Handvoll Rucola
1 Handvoll Brunnenkresse
6 mittelgroße Champignons
150 g Cocktailtomaten
4 Radieschen
1 Apfel
1 reife Avocado
2 EL Zitronensaft
4 EL Weißweinessig
½ EL Senf
Salz · Pfeffer aus der Mühle
Zucker
4 EL Olivenöl

### ZUBEREITUNG // 🕐 20 min

1 Den Romanasalat und den Radicchio putzen, waschen und trocken schleudern. Rucola und Brunnenkresse verlesen, waschen und trocken schütteln, grobe Stiele entfernen. Die Salatblätter nach Belieben in mundgerechte Stücke zupfen.

2 Die Pilze putzen und, falls nötig, trocken abreiben und in dünne Scheiben schneiden. Die Cocktailtomaten waschen und halbieren. Die Radieschen putzen, waschen und in Scheiben oder Stifte schneiden.

3 Den Apfel waschen, vierteln und entkernen. Die Apfelviertel in dünne Spalten schneiden. Die Avocado halbieren und den Stein entfernen. Die Avocadohälften schälen und ebenfalls in Spalten schneiden. Die Avocado- und die Apfelspalten mit dem Zitronensaft beträufeln.

4 Für das Dressing Essig, Senf, Salz, Pfeffer, Zucker und das Olivenöl verrühren und in ein Schälchen füllen. Die Salatzutaten in einer Schüssel anrichten und die Salatsauce dazu reichen.

# Griechischer Bauernsalat
## mit Schafskäse

ZUTATEN FÜR 4 PERSONEN

1 Salatgurke

4 Tomaten

1 rote Zwiebel

2–3 milde Peperoni (aus dem Glas)

2 Stiele Oregano

4 EL Weißweinessig

4 EL Olivenöl

Salz · Pfeffer aus der Mühle

Zucker

200 g Feta (Schafskäse)

100 g schwarze Oliven (ohne Stein)

**ZUBEREITUNG // 🕐 15 min**

1 Die Gurke waschen, die Enden abschneiden und die Gurke in nicht zu dünne Scheiben schneiden. Die Tomaten waschen und in Scheiben schneiden, dabei die Stielansätze entfernen. Die Zwiebel schälen und in Ringe schneiden.

2 Die Peperoni ebenfalls in Ringe schneiden. Den Oregano waschen, trocken schütteln, die Blätter abzupfen, einige zum Garnieren beiseitelegen und den Rest fein hacken.

3 Essig und Olivenöl mit Salz, Pfeffer und 1 Prise Zucker in einer Schüssel verrühren. Den gehackten Oregano und die vorbereiteten Zutaten untermischen.

4 Den Feta darüberbröckeln und mit den Oliven untermischen. Den Bauernsalat abschmecken und mit dem restlichen Oregano garniert servieren.

# Zucchini-Orangen-Salat
## mit Salami und Zwiebeln

### ZUTATEN FÜR 4 PERSONEN

2 Zucchini
1 große rote Zwiebel
50 g Salami (z.B. ital. Fenchelsalami)
2 Orangen
2 EL Apfelessig
3 EL Olivenöl
Salz · Pfeffer aus der Mühle

### ZUBEREITUNG // 🕐 15 min // 💧 15 min

1 Die Zucchini putzen, waschen, trocken reiben und in dünne Scheiben schneiden oder hobeln. Die Zwiebel schälen und in dünne Ringe schneiden oder hobeln. Von der Salami die Haut abziehen und die Wurst in dünne Scheiben schneiden.

2 Eine Orange mit einem scharfen Messer so großzügig schälen, dass auch die weiße Haut mit entfernt wird. Die Fruchtfilets aus den Trennwänden herauslösen, dabei den austretenden Saft auffangen. Die Orangenfilets in Stücke schneiden. Die zweite Orange auspressen.

3 Den Orangensaft in einer kleinen Schüssel mit dem Essig verrühren und nach und nach das Olivenöl unterrühren. Das Dressing mit Salz und Pfeffer abschmecken.

4 Die Zucchini, die Zwiebel, die Salami und die Orangenfilets in einer Schüssel mit dem Dressing mischen und 15 Minuten ziehen lassen. Den Salat vor dem Servieren, falls nötig, nochmals mit Salz und Pfeffer würzen.

TIPP *Wer es etwas pikanter möchte, verwendet statt der Salami die würzig-scharfe Chorizo-Wurst. Oder Sie mischen noch 2 EL hell geröstete Pinienkerne und einige Fetakäsewürfel unter den Salat.*

# Mein Lieblingsrezept für...
## einen Salat zu Gegrilltem

### NUDELSALAT MIT SCHAFSKÄSE

🕐 25 min // Für 4 Personen

**1** 350 g Penne rigate in reichlich kochendem Salzwasser nach Packungsanweisung bissfest garen. Für das Dressing je 3 EL Weißweinessig und Orangensaft verrühren, nach und nach 5 EL Olivenöl unterrühren. 1 Knoblauchzehe schälen und durch die Knoblauchpresse dazudrücken.

**2** 75 g milde Peperoni (aus dem Glas) abtropfen lassen. 2 Sardellenfilets und 1 Peperoni fein hacken und unter das Dressing rühren, mit Salz und Pfeffer würzen.

**3** Eine rote Paprikaschote längs halbieren, entkernen, waschen und in kleine Würfel schneiden. 200 g Feta ebenfalls in Würfel schneiden. 1 Bund Petersilie waschen, trocken schütteln und die Blätter fein hacken.

**4** Die Penne abgießen, abtropfen lassen und noch heiß in einer Schüssel mit dem Dressing mischen. Je 60 g grüne und schwarze Oliven, restliche Peperoni, Paprika, Feta und Petersilie unter die Nudeln mischen und nach Belieben mit Kapernäpfeln bestreut servieren.

# Panzanella

## toskanischer Brotsalat

### ZUTATEN FÜR 4 PERSONEN

4 dicke Scheiben Weißbrot
(vom Vortag)
400 g Cocktailtomaten
2 rote Zwiebeln
3–4 Handvoll Basilikum
1 Knoblauchzehe
4–5 EL Olivenöl
1 EL Zitronensaft
2–3 EL Balsamico bianco
Salz · Pfeffer aus der Mühle
Zucker

### ZUBEREITUNG // 🕐 15 min // 💧 20 min

1 Den Grill anheizen. Die Weißbrotscheiben auf dem Grill etwa 5 Minuten unter Wenden rösten, dann vom Rost nehmen und etwas abkühlen lassen. (Alternativ die Brotscheiben im auf 220 °C vorgeheizten Backofen goldbraun rösten.)

2 Die Tomaten waschen und vierteln. Die Zwiebeln schälen, der Länge nach halbieren und in schmale Streifen schneiden. Das Basilikum waschen, trocken schleudern, 8 Blätter zum Garnieren beiseitelegen, den Rest grob hacken.

3 Für das Dressing den Knoblauch schälen, in feine Würfel schneiden und mit dem Olivenöl verrühren. Den Zitronensaft und den Essig hinzufügen und mit Salz, Pfeffer und 1 Prise Zucker würzen.

4 Das Brot in kleine Würfel schneiden und mit den Tomaten, den Zwiebeln und dem Basilikum mischen. Das Dressing über dem Salat verteilen und mindestens 20 Minuten ziehen lassen. Mit den Basilikumblättern garnieren und servieren.

TIPP    *Nicht vegetarisch, dafür umso würziger schmeckt dieser Salat, wenn Sie 100 g fein geschnittene Fenchelsalami, 100 g Parmesanspäne und etwa 100 g Rucola mit dazugeben.*

# Kartoffelsalat
## mit Ziegenkäse und Trauben

**ZUBEREITUNG //** 🕐 40 min

**1** Die Kartoffeln waschen und mit der Schale in reichlich kochendem Salzwasser etwa 20 Minuten garen. Abgießen, abdampfen und etwas abkühlen lassen.

**2** In der Zwischenzeit die Zwiebeln schälen und in feine Ringe schneiden. Die Weintrauben waschen, trocken tupfen, halbieren und bei Bedarf die Kerne entfernen.

**3** Die Kartoffeln mit Schale in mundgerechte Stücke schneiden und mit den Zwiebeln und den Weintrauben in einer Schüssel mischen.

**4** Den Ziegenkäse in kleine Stücke zerbröckeln, das Basilikum waschen, trocken tupfen und in feine Streifen schneiden.

**5** Den Essig, das Öl, den Honig, Salz und Pfeffer verrühren und mit den vorbereiteten Salatzutaten mischen. Den Kartoffelsalat auf Tellern anrichten.

### ZUTATEN FÜR 4–6 PERSONEN

1 kg kleine neue Kartoffeln

Salz

2 rote Zwiebeln

300 g blaue Weintrauben

240 g Ziegenkäserolle

einige Basilikumblätter

4 EL Weißweinessig

80 ml Öl

2 TL Honig oder Apfeldicksaft

Pfeffer aus der Mühle

## ZUTATEN FÜR 4 PERSONEN

600 g Kidneybohnen (aus der Dose)
1 rote Zwiebel
4 Tomaten
1 Avocado
1 Limette
2–3 EL Olivenöl
Meersalz
Pfeffer aus der Mühle
1 TL brauner Zucker

# Kidneybohnensalat
## mit Avocado und Tomate

**ZUBEREITUNG //** 🕐 15 min

1 Die Bohnen auf einem Sieb waschen und gut abtropfen lassen. Die Zwiebel schälen und in feine Würfel schneiden. Die Tomaten waschen und vierteln. Die Stielansätze und die Kerne entfernen und das Tomatenfruchtfleisch in Stücke schneiden.

2 Die Avocado halbieren und den Stein entfernen. Die Hälften schälen und das Avocadofruchtfleisch ebenfalls in Stücke schneiden.

3 Die Limette halbieren und den Saft auspressen. Den Limettensaft mit dem Olivenöl in einer Schüssel verrühren und mit Salz, Pfeffer und braunem Zucker würzen.

4 Alle vorbereiteten Zutaten untermischen, den Kidneybohnensalat abschmecken und auf Schälchen verteilt servieren.

# Kartoffelsalat
## mit Schnittlauch

### ZUTATEN FÜR 4 PERSONEN

Für den Salat

1 kg vorwiegend festkochende
Kartoffeln · Salz
½ EL ganzer Kümmel
1 Schalotte · 1 EL Öl
1 EL Schnittlauchröllchen
Pfeffer aus der Mühle

Für das Dressing

400 ml Gemüsebrühe
3 EL Rotweinessig
1 EL scharfer Senf
Salz · Pfeffer aus der Mühle
Zucker

### ZUBEREITUNG // 🕐 40 min

1 Für den Salat die Kartoffeln waschen und mit der Schale in kochendem Salzwasser mit dem Kümmel etwa 20 Minuten weich garen. Abgießen, noch heiß pellen und abkühlen lassen. Die abgekühlten Kartoffeln in ½ cm dicke Scheiben schneiden und in eine Schüssel geben.

2 Für das Dressing die Brühe in einem Topf erhitzen, mit dem Rotweinessig und dem Senf verrühren und mit Salz, Pfeffer und Zucker würzen. Einige Kartoffelscheiben hinzufügen und das Dressing mit dem Stabmixer pürieren. Das Dressing nach und nach unter die Kartoffeln in der Schüssel mischen, bis die Flüssigkeit fast vollständig aufgesogen ist.

3 Die Schalotte schälen und in feine Würfel schneiden. Das Öl in einer Pfanne erhitzen und die Schalottenwürfel darin bei schwacher Hitze glasig dünsten.

4 Die Schalottenwürfel und die Schnittlauchröllchen unter den Kartoffelsalat heben. Kurz vor dem Servieren Pfeffer aus der Mühle grob darübermahlen.

TIPP *Den Salat kann man gut schon einige Stunden vorher zubereiten, dann vor dem Servieren nochmals abschmecken. Als kleinen Farbtupfer können Sie noch einige Gurken- oder Radieschenscheiben unterheben.*

# Kräuter-Dip
## mit Gurken

**ZUBEREITUNG //** 🕐 10 min

1 Die Gurken waschen, längs halbieren und mit einem Teelöffel die Kerne entfernen. Die Gurken in etwa 7 cm lange und 1 cm dicke Stifte schneiden.

2 Den Quark mit der sauren Sahne, dem Zitronensaft und der Zitronenschale in einer Schüssel glatt rühren.

3 Die Petersilie waschen, trocken schütteln und die Blätter abzupfen. Petersilie mit Thymian und Dill fein hacken. Die Kräuter unter den Quark rühren und den Dip mit Salz und Pfeffer und 1 Prise Chiliflocken abschmecken und nach Belieben noch 1 gehackte Knoblauchzehe untermischen. Den Kräuter-Dip in ein Schälchen füllen und zu den Gurkenstiften servieren.

4 Nach Belieben weitere Gemüsesorten wie z.B. Paprikaschoten, Möhren oder Chicorée putzen, waschen bzw. schälen und in Stifte schneiden oder in einzelne Blätter teilen und in den Kräuterquark dippen. Der Quark eignet sich auch als Aufstrich auf Vollkornbrot oder Pumpernickel.

### ZUTATEN FÜR 4 PERSONEN

2 Salatgurken (ca. 750 g)
200 g Speisequark
100 g saure Sahne
2 EL Zitronensaft
½ TL abgeriebene Bio-Zitronenschale
½ Bund Petersilie
2 TL Thymianblättchen
2 EL Dillspitzen
Salz · Pfeffer aus der Mühle
Chiliflocken

60 g Tahin (Sesampaste)

1 Knoblauchzehe

1 EL Zitronensaft

125 g griechischer Joghurt

½ TL gemahlener Koriander

½ TL gemahlener Kreuzkümmel

Salz

2 EL helle Sesamsamen

# Sesam-Dip
## mit Kreuzkümmel

**ZUBEREITUNG** // ⏱ 15 min // 💧 2 h

1 Die Sesampaste im Glas gut durchrühren, die benötigte Menge abmessen und in ein Schälchen geben. Den Knoblauch schälen, in feine Würfel schneiden und untermischen.

2 Den Zitronensaft und den Joghurt dazugeben und glatt rühren. Dip mit Koriander, Kreuzkümmel und Salz würzen und im Kühlschrank zugedeckt 2 Stunden durchziehen lassen.

3 Zum Servieren den Sesam in einer Pfanne ohne Fett bei mittlerer Hitze goldbraun rösten und anschließend über den Sesam-Dip streuen. Dazu geröstetes Weißbrot servieren.

# Grillbutter
## auf dreierlei Art

Für die Grundmischung

375 g weiche Butter

3 EL Crème fraîche

Für die Kräuterbutter

3 EL gemischte Kräuter
(z.B. Dill, Estragon und Petersilie)

2 EL Zitronensaft

Salz · Pfeffer aus der Mühle

Für die Knoblauchbutter

3 Knoblauchzehen

½ Bund Petersilie

Salz · Pfeffer aus der Mühle

Für die Zitronen-Thymian-Butter

2 Zweige Thymian

1 EL abgeriebene
Bio-Zitronenschale

2 EL Zitronensaft

Salz · Pfeffer aus der Mühle

**ZUBEREITUNG //** 🕐 je 10 min // ❄ 1 h

1 Für die Grundmischung die weiche Butter mit der zimmerwarmen Crème fraîche in einer Schüssel mit dem Handrührgerät schaumig rühren. Die Buttermasse in 3 gleich große Portionen teilen.

2 Für die Kräuterbutter die Kräuter waschen, trocken schütteln und fein hacken. Mit dem Zitronensaft unter ein Drittel der Grundmischung rühren, mit Salz und Pfeffer würzen.

3 Für die Knoblauchbutter den Knoblauch schälen und durch die Knoblauchpresse drücken oder fein hacken. Die Petersilie waschen, trocken schütteln, die Blätter abzupfen und fein hacken. Knoblauch und Petersilie unter ein Drittel der Grundmischung rühren, mit Salz und Pfeffer würzig abschmecken.

4 Für die Zitronen-Thymian-Butter den Thymian waschen, trocken schütteln, die Blättchen abzupfen und fein hacken. Thymian, Zitronenschale und -saft unter das letzte Drittel Grundmischung rühren, mit Salz und Pfeffer würzen.

5 Die vorbereitete Butter jeweils in Backpapier wickeln, zu Rollen formen und im Kühlschrank etwa 1 Stunde fest werden lassen. Oder noch weich mit einem Spritzbeutel mit Sterntülle in Portionen auf Teller spritzen und kühl stellen. Die verschiedenen Grillbutter können auch eingefroren werden.

---

TIPP    *Die Zitronen-Thymian-Butter passt sehr gut zu gegrilltem Fisch, Kräuterbutter zu Rinder- und Schweinesteaks und Knoblauchbutter zu Lammfleisch, aber auch zu gegrilltem Gemüse oder auf Baguette.*

# Klassische Aioli
## mit Variationen

**ZUBEREITUNG** // 🕐 10 min

1 Für die Aioli den Knoblauch schälen, sehr fein hacken und mit etwas Salz zerreiben. Eigelbe mit Senf, 1 Prise Salz und Pfeffer zur Knoblauchmasse geben. In einer Schüssel mit dem Schneebesen weiß-cremig schlagen.

2 Das Öl zunächst tropfenweise, dann in einem dünnen Strahl unter ständigem Rühren hinzufügen. Dabei ist es wichtig, dass sich das Öl immer erst vollständig mit der Masse verbindet, bevor neues dazugegeben wird, da die Aioli ansonsten gerinnen kann.

3 Zuletzt den Zitronensaft unterrühren. Die Aioli mit Salz abschmecken und entweder mit Brot und Oliven als Vorspeise oder als Dip zu Fleisch oder Gemüse reichen.

4 Bieten Sie dreierlei Aioli an. Dafür die fertige Knoblauchmayonnaise dritteln, einen Teil klassisch belassen und den zweiten mit fein gehacktem Basilikum vermischen. Für das letzte Drittel die Chilischote halbieren, entkernen, waschen und in feine Würfel schneiden. Untermischen und die Aioli mit 1 Prise Cayennepfeffer abschmecken.

## ZUTATEN FÜR 4 PERSONEN

**Für die Aioli**

2 große Knoblauchzehen

Salz

3 Eigelb

1 TL scharfer Senf

weißer Pfeffer aus der Mühle

200 ml Sonnenblumenöl

100 ml Olivenöl

1 TL Zitronensaft

**Für die Variationen**

1 Bund fein gehacktes Basilikum

1 kleine rote Chilischote

Cayennepfeffer

ZUTATEN FÜR CA. 500 ML

1 Zwiebel

2 Knoblauchzehen

1 rote Paprikaschote

2 EL Olivenöl

4 Pimentkörner

1 Lorbeerblatt

1 Gewürznelke

1 Zimtstange

800 g Tomaten (aus der Dose)

2 Stiele Petersilie

1 Stiel Liebstöckel

4 EL brauner Zucker

1 TL Senfpulver

2 EL Weinessig

Salz · Cayennepfeffer

# Tomatenketchup
## selbst gemacht

**ZUBEREITUNG //** 🕐 45 min

1 Die Zwiebel und den Knoblauch schälen und in feine Würfel schneiden. Die Paprikaschote längs halbieren, entkernen und mit dem Sparschäler schälen.

2 Das Olivenöl in einem Topf erhitzen und die Zwiebel, den Knoblauch und die Paprika darin andünsten. Den Piment, das Lorbeerblatt, die Gewürznelke und die Zimtstange kurz mitrösten, dann die Tomaten hinzufügen. Bei schwacher Hitze 15 Minuten köcheln lassen.

3 Petersilie, Liebstöckel, Zucker, Senfpulver und Essig unterrühren und weitere 10 bis 15 Minuten sämig einkochen lassen. Die Masse anschließend durch ein feines Sieb passieren, nochmals aufkochen lassen und mit Salz und Cayennepfeffer würzen.

4 Eine Flasche oder ein Weckglas auskochen und das fertige Ketchup einfüllen. Sofort verschließen und abkühlen lassen. Im Kühlschrank hält sich das Ketchup etwa 2 Wochen.

# Dreierlei Dips mit
## Kichererbsen, Kürbis und Tomate

**ZUTATEN FÜR JE 4 PERSONEN**

Für den Rote-Bete-Hummus

1 Knoblauchzehe

1 Limette

300 g Rote Beten (vorgegart und vakuumiert)

300 g Kichererbsen (Dose)

2–3 EL Tahin (Sesampaste)

3 EL Olivenöl

Salz · Pfeffer aus der Mühle

1 TL gemahlener Kreuzkümmel

2–3 EL Sojajoghurt

Für den Kürbis-Dip

3–4 Knoblauchzehen

400 g Kürbisfruchtfleisch

6–8 EL Olivenöl

Salz · Pfeffer aus der Mühle

350 g weiße Bohnen (Dose)

1 Frühlingszwiebel

½ Handvoll Basilikumblätter

Für die Tomaten-Minz-Salsa

3 Tomaten

1 Salatgurke

1 rote Zwiebel

½ Handvoll Minze

je 1–2 EL Limettensaft und Olivenöl

1 TL brauner Zucker

Salz · Tabasco

**ZUBEREITUNG //** 🕐 10, 40, 10 min

1 Für den Rote-Bete-Hummus den Knoblauch schälen, die Limette auspressen. Die Roten Beten in grobe Stücke schneiden. Die Kichererbsen auf einem Sieb abtropfen lassen und mit Roten Beten, Knoblauch, Limettensaft, Tahin und 2 EL Öl pürieren. Mit Salz, Pfeffer und etwas Kreuzkümmel würzen und in eine Schale füllen. Den Joghurt auf den Rote-Bete-Hummus setzen, mit dem übrigen Öl beträufeln und mit Pfeffer und Kreuzkümmel bestreut servieren.

2 Für den Kürbis-Dip den Backofen auf 200 °C vorheizen und ein Backblech mit Backpapier belegen. Den Knoblauch schälen und grob hacken. Das Kürbisfruchtfleisch in Würfel schneiden und mit dem Knoblauch auf dem Blech verteilen. Mit 2 bis 3 EL Olivenöl mischen und mit Salz und Pfeffer würzen. Im Ofen auf der mittleren Schiene etwa 30 Minuten weich garen.

3 Die Bohnen waschen und abtropfen lassen. Mit dem Kürbis und dem restlichen Olivenöl fein pürieren. Die Frühlingszwiebel putzen, waschen und in feine Röllchen schneiden. Das Basilikum waschen und trocken schütteln. Einige Blätter beiseitelegen, die restlichen fein hacken und mit der Frühlingszwiebel unter das Bohnen-Kürbis-Püree mischen. Mit Salz und Pfeffer abschmecken. Den Kürbis-Dip mit den Basilikumblättern garniert servieren.

4 Für die Tomaten-Minz-Salsa die Tomaten waschen, halbieren und entkernen, dabei die Stielansätze entfernen. Das Fruchtfleisch in feine Würfel schneiden. Die Gurke putzen, schälen, längs halbieren und die Kerne mit einem Löffel entfernen. Das Fruchtfleisch in kleine Würfel schneiden. Die Zwiebel schälen und in feine Würfel schneiden. Die Minze waschen, trocken schütteln, die Blätter abzupfen und fein hacken. Die vorbereiteten Zutaten in einer Schüssel gut mischen. Die Tomaten-Minz-Salsa mit Limettensaft, Olivenöl, Zucker, Salz und Tabasco würzen.

# Mango-Chutney
## mit Orange

ZUBEREITUNG // 🕐 55 min

**1** Den Essig bei mittlerer Hitze auf 100 ml einkochen. Das Mangofruchtfleisch vom Stein schneiden und schälen. 540 g Fruchtfleisch abwiegen und in kleine Würfel schneiden. Die Orange mit einem Messer so schälen, dass auch die weiße Haut vollständig entfernt ist. Die Orangenfilets aus den Trennhäuten lösen und 100 g Fruchtfilets abwiegen.

**2** Die Schalotten schälen, 80 g abwiegen und in feine Würfel schneiden. Den Knoblauch schälen. Die Schalotten im Öl andünsten. Den Knoblauch durch die Presse dazudrücken und mitdünsten. Das Currypulver darüberstreuen und unter Rühren kurz mitgaren.

**3** Das Mango- und das Orangenfruchtfleisch sowie den Einmachzucker hinzufügen und 2 Minuten mitgaren, dann mit dem reduzierten Essig ablöschen. Den Senf unterrühren und die Mango-Orangen-Mischung unter Rühren 25 Minuten einkochen lassen.

**4** Das Mango-Chutney mit Salz abschmecken, in vorbereitete Weckgläser füllen, gut verschließen und 2 bis 3 Tage ziehen lassen.

### ZUTATEN FÜR 2–3 GLÄSER À 200 ML

125 ml milder Weißweinessig
2 reife Mangos
1 große Orange
4–5 Schalotten
3 Knoblauchzehen
1 EL Öl
¾ EL Mango-Curry-Pulver
(aus dem Gewürzladen)
80 g Einmachzucker
1 TL mittelscharfer Senf
Salz

## ZUTATEN FÜR 4–5 GLÄSER (À 200 ML)

600 g kleine Zucchini
220 g Gemüsezwiebel
1 Knoblauchzehe
2 EL Pistazienkerne
1–2 EL Olivenöl
100 g Einmachzucker
¼ TL Cayennepfeffer
½ TL Paprikapulver (edelsüß)
¼ TL gemahlener Kreuzkümmel
Pfeffer aus der Mühle
125 ml milder Weißweinessig
4 EL ungeschwefelte Rosinen
10 Petersilienblätter
Salz

# Zucchini-Chutney
## mit Pistazien und Rosinen

### ZUBEREITUNG // 🕐 55 min

**1** Die Zucchini putzen, waschen, 550 g Fruchtfleisch abwiegen und in kleine Würfel schneiden. Die Gemüsezwiebel und den Knoblauch schälen und beides in feine Würfel schneiden.

**2** Die Pistazienkerne grob hacken und in einer beschichteten Pfanne ohne Fett unter Rühren anrösten.

**3** Das Olivenöl in einem Topf erhitzen und die Zwiebel- und Knoblauchwürfel darin bei mittlerer Hitze glasig dünsten. Die Zucchini hinzufügen und unter Rühren goldgelb braten.

Den Einmachzucker und die Gewürze dazugeben und unter Rühren 3 bis 4 Minuten braten.

**4** Mit dem Essig ablöschen, weitere 3 Minuten garen, dann die Rosinen und die Pistazien untermischen. Das Chutney bei schwacher Hitze 20 Minuten einkochen lassen.

**5** Die Petersilienblätter waschen, trocken tupfen und in feine Streifen schneiden. Unter das Chutney mischen und weitere 5 Minuten garen. Das Zucchini-Chutney mit Salz würzen, in vorbereitete Twist-off- oder Weckgläser füllen und gut verschließen.

# SÜSSES

# Gegrillte Ananas
## mit Kokosstreuseln und Minzjoghurt

## ZUTATEN FÜR 4 PERSONEN

Für die Kokosstreusel
50 g Kokosraspel
2 EL Zucker
1 Eiweiß

Für die gegrillte Ananas
700 g reife Ananas
Öl für den Grillrost

Für den Minzjoghurt
150 g griechischer Joghurt
1 Spritzer Zitronensaft
1–2 Msp. abgeriebene
Bio-Zitronenschale
1–2 TL Honig (oder Ahornsirup)
1 EL gehackte Minze und
Kokoschips zum Garnieren

## ZUBEREITUNG // 🕐 35 min

1 Den Grill anheizen. Für die Kokosstreusel den Backofen auf 140 °C vorheizen. Ein Backblech mit Backpapier belegen. Kokosraspel, Zucker und Eiweiß mischen und auf dem Blech glatt verstreichen.

2 Die Kokosraspel im Ofen auf der mittleren Schiene 10 bis 15 Minuten goldbraun backen. Herausnehmen und nach Belieben warm oder abgekühlt verwenden.

3 Für die gegrillte Ananas die Ananas schälen und quer in 8 etwa 1 cm dicke Scheiben schneiden. Den Strunk mit einem Metallausstecher aus den Scheiben schneiden.

4 Den Grillrost einölen. Die Ananasscheiben auf dem heißen Grill auf jeder Seite 1 bis 2 Minuten garen.

5 Für den Minzjoghurt den Joghurt in einer Schüssel mit Zitronensaft und -schale, Honig und Minze verrühren.

6 Je 2 Ananasscheiben auf einen vorgewärmten Dessertteller legen und mit den Kokosstreuseln bestreuen. Mit etwas Minzjoghurt beträufeln und mit Minze und Kokoschips garniert servieren.

TIPP  *Lassen Sie sich beim Kauf von Ihrer Nase leiten: Je intensiver der Duft, desto reifer die Ananas. Die Schale immer großzügig entfernen und dabei auch die harten »Augen« herausschneiden.*

# Pfirsiche
## mit Mandelhonig

**ZUTATEN FÜR 4 PERSONEN**

250 g Mandelblättchen
6 EL flüssiger Honig
4 Pfirsiche
1 Bio-Zitrone
125 g Mascarpone
125 g griechischer Joghurt
1½ EL Zucker

**ZUBEREITUNG // 🕐 20 min**

1 Den Grill anheizen. Die Mandelblättchen in einer beschichteten Pfanne ohne Fett hell rösten und in einer kleinen Schüssel mit dem Honig mischen.

2 Die Pfirsiche waschen, halbieren, die Steine entfernen und die Pfirsiche mit den Schnittflächen nach unten auf dem heißen Grill 3 bis 4 Minuten grillen.

3 Die Zitrone heiß waschen, trocken reiben und die Schale fein abreiben. Die Zitrone halbieren und den Saft auspressen.

4 Den Mascarpone und den Joghurt mit dem Zucker, der Zitronenschale und dem -saft glatt rühren. Auf jede gegrillte Pfirsichhälfte 1 Klecks Mascarponecreme geben und mit dem Mandelhonig beträufeln.

# Bunte Fruchtspieße
## vom Grill

### ZUTATEN FÜR 4 PERSONEN

8 Holzspieße
1 Orange
200 g Ananasfruchtfleisch
1 Birne
100 g Erdbeeren
Öl für den Grillrost
250 g Naturjoghurt
1 EL Honig
2 EL Limettensaft
1 EL gehackte Minze

### ZUBEREITUNG // ⏱ 20 min // 💧 30 min

1 Den Grill anheizen und die Holzspieße in kaltem Wasser 30 Minuten einweichen. Die Orange so großzügig schälen, dass auch die weiße Haut mit entfernt wird. Die Orange in Spalten bzw. mundgerechte Stücke schneiden. Das Ananasfruchtfleisch in grobe Würfel schneiden.

2 Die Birne waschen, vierteln, das Kerngehäuse entfernen und das Birnenfruchtfleisch in grobe Stücke schneiden. Die Erdbeeren waschen, putzen und halbieren.

3 Das Obst abwechselnd auf 8 gewässerte Holzspieße stecken. Den Grillrost einölen und die Obstspieße auf dem heißen Grill unter Wenden 5 bis 7 Minuten garen.

4 Für den Dip den Joghurt, Honig, Limettensaft und Minze verrühren. Die Spieße mit dem Joghurt-Minz-Dip servieren.

# Gegrillte Wassermelone
## mit Sauerrahm-Orangen-Eis

**ZUTATEN FÜR 4 PERSONEN**

500 g saure Sahne
100 g Puderzucker
2–3 EL Zitronensaft
1 Bio-Orange
1 EL Glukosesirup
(aus der Konditorei)
Mark von ½ Vanilleschote
500 g Wassermelone
Pfeffer aus der Mühle
2 EL mildes Traubenkernöl

**ZUBEREITUNG //** 🕐 30 min // ❄ bis zu 1 h

1 Die saure Sahne mit dem Puderzucker und dem Zitronensaft in einer Schüssel verrühren.

2 Die Orange heiß waschen, trocken reiben und die Schale fein abreiben. Die Orange halbieren und auspressen. Den Glukosesirup mit dem Vanillemark sowie der Orangenschale und dem -saft in einem Topf unter Rühren erwärmen. Die saure Sahne mit dem Schneebesen unterrühren. Die Sauerrahmmischung in der Eismaschine zu einem cremigen Eis gefrieren lassen.

3 Das Sauerrahm-Orangen-Eis in eine gefrierfeste, eisgekühlte Schüssel füllen, mit Backpapier bedecken und bis zum Servieren in das Tiefkühlfach stellen.

4 Den Grill anheizen. Die Wassermelone schälen und das Fruchtfleisch in 1 cm dicke Scheiben schneiden. Die Melonenstücke auf dem heißen Grill auf jeder Seite 2 bis 3 Minuten grillen. Die gegrillten Melonenscheiben auf Desserttellern anrichten, etwas Pfeffer darübermahlen und wenig Öl darüberträufeln.

5 Von dem Sauerrahm-Orangen-Eis mit einem Esslöffel Nocken abstechen und danebensetzen, den Löffel dabei immer wieder in heißes Wasser tauchen. Nach Belieben mit Orangenzesten und Minzeblättern garniert servieren.

---

**TIPP** *Besonders exotisch wird es, wenn man die gegrillte Wassermelone mit 1 Prise Sichuanpfeffer würzt – mit seiner erfrischenden Zitrusnote eignet er sich perfekt, um Fruchtdesserts raffiniert abzurunden.*

# Mein Lieblingsrezept für...

## Gegrilltes Obst

### PEKAN-BROWNIE-APFEL

🕐 35 min // Für 4 Personen

**1** 4 große säuerliche Äpfel (z.B. Boskop) waschen, trocken tupfen und quer halbieren. Dann mit einem Löffel etwas mehr als das Kerngehäuse herauskratzen.

**2** 70 g Zartbitterkuvertüre mit 120 g Butter im Wasserbad schmelzen. 140 g Zucker, 2 Eier, 80 g gesiebtes Mehl und 2 EL Kakaopulver unterheben.

**3** Die Apfelhälften mit der Masse füllen und mit 2 EL Schokotropfen, 60 g grob gehackten Pekannüssen und etwas Fleur de Sel bestreuen.

**4** Die gefüllten Äpfel in einer Alu-Grillschale auf dem vorgeheizten Grill mit geschlossenem Deckel 15 bis 20 Minuten grillen.

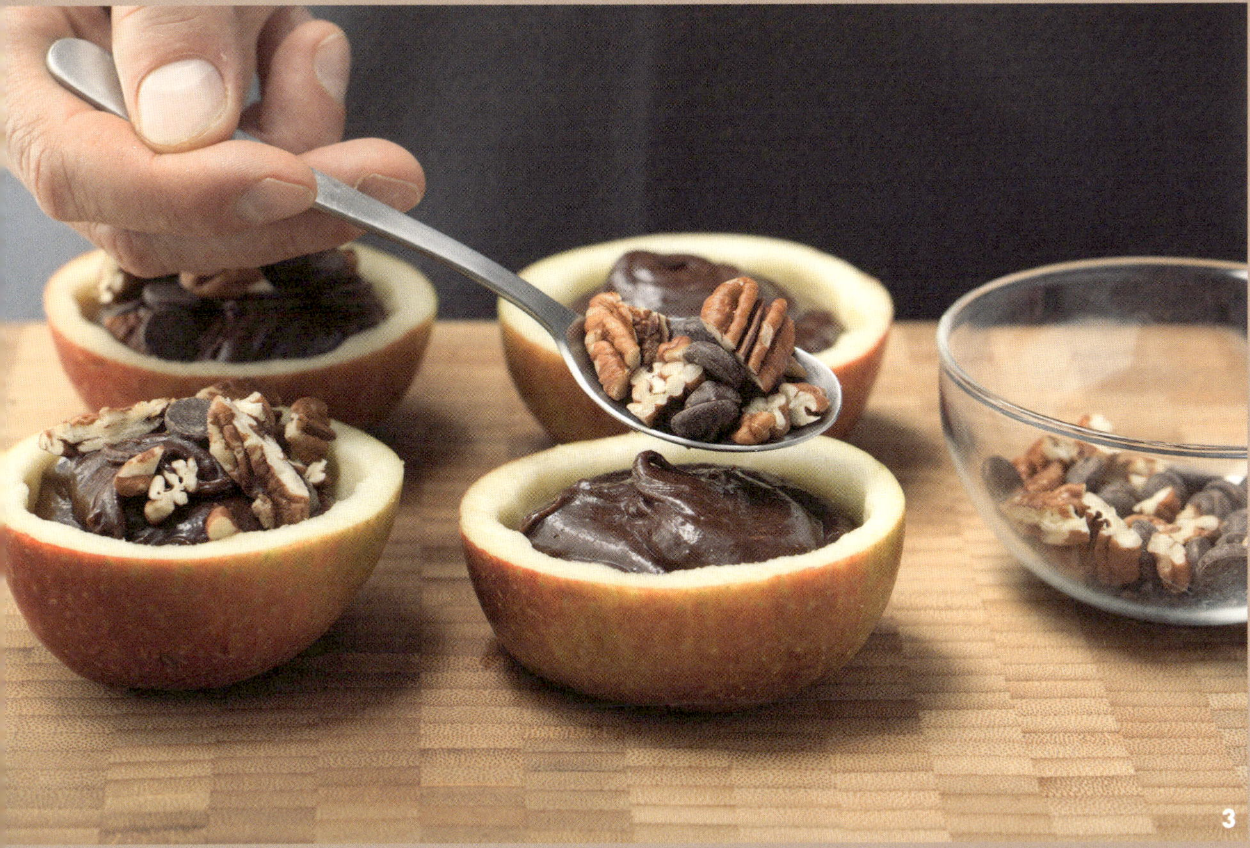
3

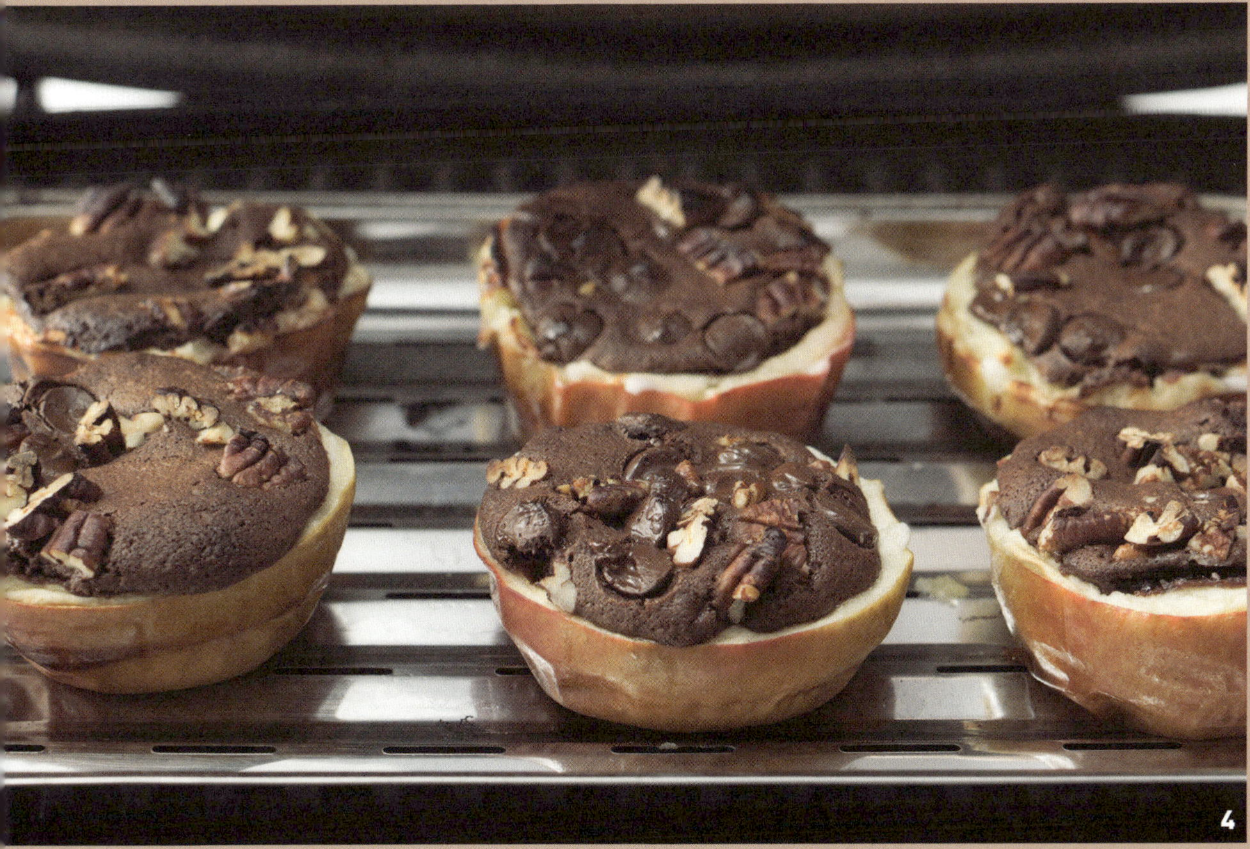
4

# Gegrillte Mangostücke
## mit Kokosnussreis

**ZUBEREITUNG //** 🕐 35 min

1 Die Kokosmilch in einem Topf mit dem Ingwer und 2 EL braunem Zucker zum Kochen
bringen. Den Reis einstreuen und die Hitze
reduzieren. Den Milchreis bei schwacher
Hitze und mit halb geschlossenem Deckel
etwa 25 Minuten unter gelegentlichem Rühren ausquellen lassen. Den Grill anheizen.

2 Die Mangos waschen und trocken reiben.
Das Fruchtfleisch samt Schale in 2 möglichst
großen Stücken vom Stein schneiden. Die
Schnittflächen mit Limettensaft beträufeln,

mit etwas Butter bestreichen und mit dem
restlichen braunen Zucker bestreuen.

3 Die Mangostücke auf dem heißen Grill mit
der gezuckerten Seite nach unten grillen, bis
der Zucker karamellisiert ist.

4 Den Kokosreis auf Teller verteilen und mit
den gegrillten Mangohälften und Limettenspalten garniert servieren.

**ZUTATEN FÜR 4 PERSONEN**

600 ml Kokosmilch

2–3 Scheiben Ingwer

4 EL brauner Zucker

150 g Milchreis

2 Mangos

Saft von 1 Limette

2 EL zerlassene Butter

Limttenspalten für die Garnitur

## ZUTATEN FÜR 4 PERSONEN

**Für die Maracujasauce**

4 Maracujas

1 TL Speisestärke

150 ml Orangensaft

40 g Zucker

**Für die Grillbananen**

2 EL Butter

30 g Honig

2 TL Zitronensaft

4 Bananen

# Grillbananen
## mit Maracujasauce

### ZUBEREITUNG // 🕐 20 min

1 Den Grill anheizen. Für die Maracujasauce die Früchte halbieren und das Maracujafruchtfleisch mit einem Löffel herauslösen.

2 Die Speisestärke mit 2 bis 3 EL Orangensaft glatt rühren. Den restlichen Orangensaft mit Zucker und Maracujafruchtfleisch aufkochen. Die Stärke hinzufügen und kochen lassen, bis die Sauce leicht gebunden ist. Beiseitestellen.

3 Für die Grillbananen die Butter mit dem Honig in einem kleinen Topf bei schwacher Hitze zerlassen, dann den Zitronensaft untermischen. Die Bananen schälen, längs halbieren und die Schnittflächen dünn mit der Butter-Honig-Zitronensaft-Mischung bestreichen.

4 Die Bananen auf dem heißen Grill etwa 2 Minuten goldbraun grillen. Die Bananen wenden, mit der restlichen Mischung bestreichen und weitere 2 Minuten grillen.

5 Die Bananen mit der Maracujasauce auf Desserttellern anrichten und sofort servieren.

# Karamellisierte Pflaumen
## mit Zimtcreme

### ZUTATEN FÜR 4 PERSONEN

100 g Schmand
1 Msp. Zimtpulver
½ Vanilleschote
1 EL Puderzucker
125 g Sahne
600 g feste rote Pflaumen
3–4 EL brauner Zucker

### ZUBEREITUNG // 🕐 25 min

**1** Den Grill anheizen. Den Schmand mit dem Zimtpulver in einer Schüssel glatt rühren. Die Vanilleschote der Länge nach aufschneiden, das Mark mit einem spitzen Messer herauskratzen und mit dem Puderzucker unter den Schmand rühren.

**2** Die Sahne mit dem Handrührgerät steif schlagen und mit dem Schneebesen unter die Zimtcreme rühren. Bis zum Servieren kühl stellen.

**3** Die Pflaumen waschen, trocken reiben, halbieren und entsteinen. Mit den Schnittflächen nach oben in eine Alu-Grillschale legen und mit dem braunen Zucker bestreuen.

**4** Die Pflaumen auf dem heißen Grill unter Wenden 8 bis 10 Minuten grillen, sodass der Zucker schmilzt und leicht karamellisiert. Die warmen Pflaumen mit der Zimtcreme servieren.

TIPP  *Für einen „Datschi im Glas" die gegrillten Pflaumen und die Zimtcreme abwechselnd mit 400 g Hefezopfwürfeln und etwa 400 g knusprig gebackenen Streuseln in Dessertgläser schichten und vor dem Servieren 1 Stunde kühl stellen.*

# Register

# Bildnachweis

UMSCHLAG:

Cover: Eising Studios|Food Photo & Video (Rezept Seite 42)

INNENTEIL:

A. Kramp und B. Gölling: 55, 150, 151; S. Eising: 29, 155; S. Eising/M. Görlach: 154; Eising Studio|Food Photo & Video: 42, 52–53, 64–65, 72–73, 78–79, 118–119, 160–161; FoodPhotography Eising: 156; STOCKFOOD: C. Alack: 129; Bauer Syndication: 107, 108, 139, 149, 152–153, 165; B. Bialy: 116; H. Bischof: 16 (u.), 40, 49, 60, 144, 24 (4); S. Blavarg: 76; M. Boyny: 17 (2.v.u.); O. Brachat: 104; N. Buroh: 99; P. Cassidy: 115; R. Castilho: 100–101, 112, 113, 123; J. Cazals: 21 (1–3), 146; A. Deimling-Ostrinsky: 44; S. Eising: 141; Eising Studio|Food Photo & Video: 7, 8–9, 10–11, 12–25, 20 (2, 3), 21 (M.), 22, 23 (u.), 31, 32, 33, 35, 37, 39, 45, 47, 56–57, 58, 61, 62, 75, 87, 89, 91, 93, 96, 134–135, 140, 142, 143, 147; éscuisine: 147; S. Evans: 127; E. Fenot: 157; Foodcollection: 16 (M.), 48; FoodPhotography Eising: 7, 121, 133; Fotos mit Geschmack: 17 (o.l.), 36; I. Garlick: 40; P. Garten: 17 (o.li.); Gastromedia: 70; Gräfe & Unzer Verlag/Grossmann/Schuerle: 25 (o.1); Gräfe & Unzer Verlag/J. Rynio: 77; W. Heinze: 86, 95, 117, 124–125, 130; J. Hoersch: 85; A. Hrbková: 21 (u.li.), 69, 122; R. Hunger: 24; A. Ida: 20 (4); Jalag-Syndication/W. Schardt: 25 (u.2), 82; V. Janssen: 51; Johnér: 12; M. Jones: 81; M. Lindeblad: 138; L. Lister: 162; A. Mackevicius: 26–27, 54; M. Matassa: 105, 136; K. Newedel: 109; J. Norton: 92, 103; J. Rynio: 66; W. Schardt: 163; U. Schmid: 131; O. Schwarzwald: 104; E. Silvermann: 17 (1.v.u.); A. Stockley: 27 (u. 1); R. Stowell: 71; Y. Strokin: 23 (o.); M. Urban: 21 (M.u.); J. Watson: 20 (1); E. Watt: 67; F. Weymann: 16 (o.), 21 (u.re.); M. Wissing: 27 (2.v.o.); A. Young: 17 (o.M.); T. Zouev: 97

## DIE REZEPTSYMBOLE

🕐 – Zubereitungszeit

▦ – Garzeit

⧗ – Wartezeit

❄ – Kühlzeit

💧 – Einweich-/Marinierzeit